세계 명언집

세계 명언집
 인생의 진리

개정판 1쇄 인쇄 | 2025년 10월 15일
개정판 1쇄 발행 | 2025년 10월 20일
편찬 | 좋은말연구회
펴낸곳 | 태을출판사
펴낸이 | 최원준
등록번호 | 제1973.1.10(제4-10호)
주소 | 서울시 중구 동화동 제 52-107호(동아빌딩 내)
전화 | 02-2237-5577 팩스 | 02-2233-6166
ISBN 978-89-493-0701-5   03890

■이 책의 저작권은 태을출판사에 있으므로 출판사의 허락없이 무단으로 복제, 복사, 인용 하는 것은 법으로 금지 되어 있습니다.

① 인생의 진리 **세계 명언집**

좋은말연구회 편찬

태을출판사

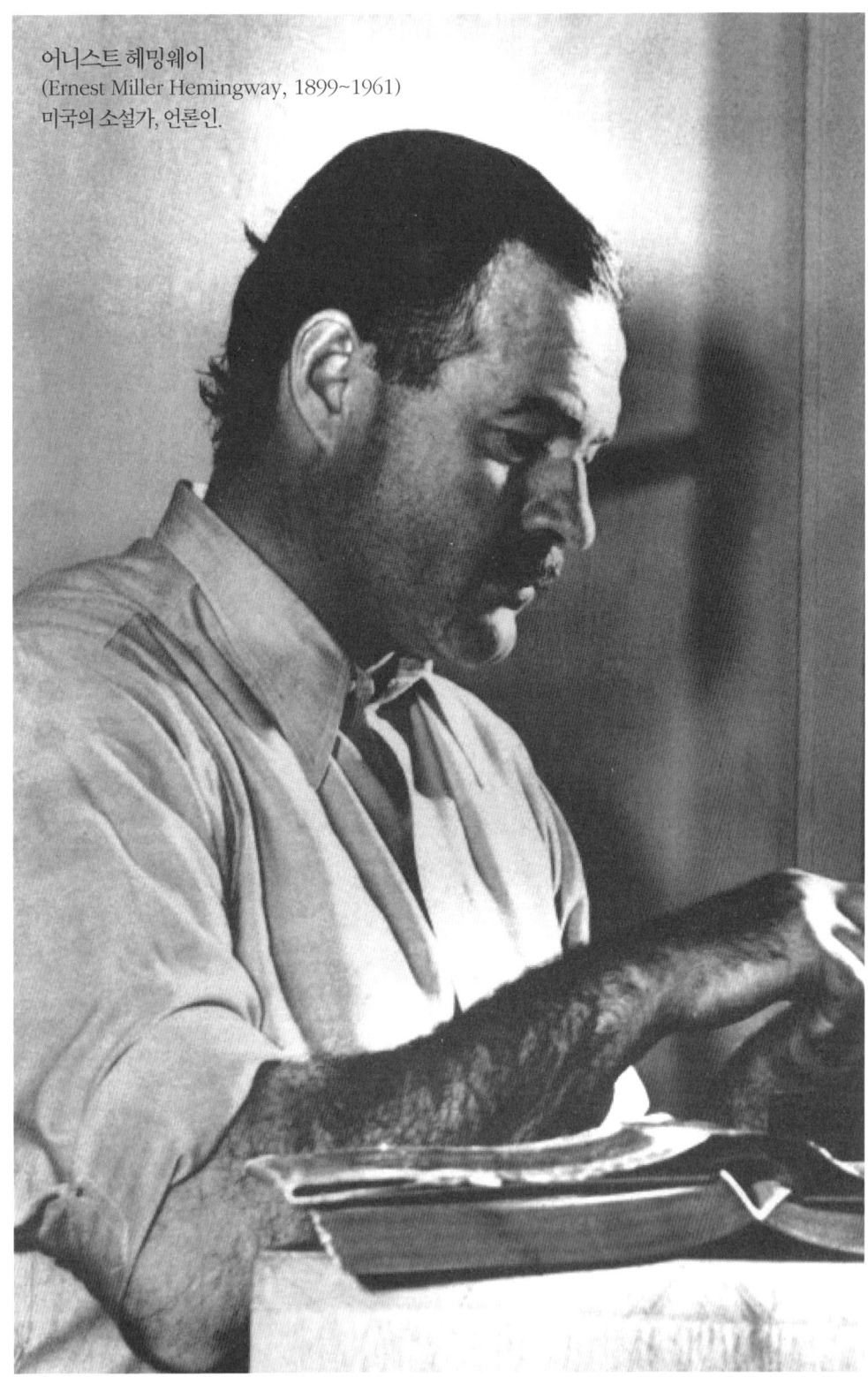

어니스트 헤밍웨이
(Ernest Miller Hemingway, 1899~1961)
미국의 소설가, 언론인.

조지 바이런
(George Gordon Byron, 1788~1824)
영국 시인.

윌리엄 셰익스피어
(William Shakespeare,
1564~1616)
영국의 극작가, 시인.

파블로 피카소
(Pablo Picasso, 1881~1973)
스페인 국적 20세기 화가,
조각가, 작가.

마하트마 간디
(Mahatma Gandhi, 1869년 ~ 1948년)
인도의 정신적, 정치적 지도자,
인도의 독립 운동가.

임마누엘 칸트
(Immanuel Kant, 1724~1804)
독일의 철학자.

파블로 피카소
(Pablo Picasso, 1881~1973)
스페인 국적 20세기 화가,
조각가, 작가.

데일 카네기
(Dale Harbison Carnegie, 1888~1955)
미국의 작가, 강사.

윌리엄 셰익스피어
(William Shakespeare, 1564~1616)
영국의 극작가, 시인.

랠프 월도 에머슨
(Ralph Waldo Emerson, 1803~1882)
미국의 시인, 사상가.

빈센트 빌럼 반 고흐
(Vincent Willem van Gogh, 1853~1890)
네덜란드의 화가.

아르투어 쇼펜하우어
(Arthur Schopenhauer, 1788~1860)
독일의 철학자.

존 러스킨
(John Ruskin, 1819~1900)
영국의 예술 평론가, 소묘 화가,
수채화가, 사회운동가.

레프 톨스토이
(Leo Tolstoy, 1828~1910)
러시아의 소설가, 시인, 극작가, 철학자.

헤르만 헤세
(Hermann Hesse, 1877~1962)
독일계 스위스인 소설가, 시인.

벤저민 프랭클린
(Benjamin Franklin, 1706~1790)
미국의 정치가, 외교관, 과학자, 저술가.

프리드리히 빌헬름 니체
(F. W. Nietzsche, 1844~1900)
독일의 시인, 심리학자, 철학자.

머리말

잠 못 이루는 밤을 위하여

밤이 오면 모든 역사는 어둠 속으로 가라 앉습니다.

거대한 어둠으로부터 비롯되는 전쟁과 총칼에 찔려 떨어진 살점의 흔적을 만지는 인류의 아픔까지도 조용히 체념을 앞세우며 제자리에 주저 앉습니다.

삶이 가져다 줄 수 있는 모든 환희와 고통까지도 밤은 혹독하게 우리로부터 빼앗아 갑니다.

그러나 밤은 우리에게 불빛의 찬란함을 인식시켜 주며, 또한 사랑의 의미를 가르쳐 주고, 그 사랑을 한껏 키워주기도 합니다.

그래서 밤은 얄미우면서도 차마 미워할 수가 없나 봅니다.

시인 이성부(李盛夫)의 노래처럼, '사랑을 보듬고 울고 있는 사람들, 한 하늘과 한 세상의 목마름을 나누어 지니면서, 저렇게 용감한 사람들, 가는 사람들'까지도 밤은 그 거대한 품으로 껴안아 버리고 맙니다.

그래서 밤이 되면 더욱 더 잠을 이룰 수가 없는 것일까요?

환희에 들뜬 사람은 그 환희에 젖어서, 그리움에 속 태우는 사람은 그 그리움에 지쳐서, 저마다 이 밤을 잠들지 못하고 있는 것일까요?

밤이 되면 왠지 모르게 더욱 더 가슴이 설레이는 까닭은 무엇일까요?

이 세상 모든 것에 대하여 의문을 가져보고 싶은 밤, 그래서 더욱 잠 못 이루는 밤, 그 길고 두꺼운 밤의 이불을 거두며, 여기 지혜의 낟알(명언)들을 모아 봅니다.

- 좋은말연구회

차례

머리말 - 잠 못 이루는 밤을 위하여 16

part 01
배움(學問)에 대하여 21

part 02
지식(知識)에 대하여 39

part 03
종교(宗敎)에 대하여 53

part 04
각성(覺醒)과 수양(修養)에 대하여 81

part 05
번민(煩悶)과 두려움에 대하여 95

part 06
행복(幸福)에 대하여 119

part 07
죽음(死)에 대하여 145

part 08
신(神)에 대하여 181

part 09
영혼(靈魂)에 대하여 193

part 10
욕망(慾望)에 대하여 207

part 11
용기(勇氣)에 대하여 225

part 12
운명(運命)에 대하여 243

part 13
약속(約束)과 신뢰(信賴)에 대하여 265

part 14
비난(非難)과 충고(忠告)에 대하여 271

part 15
신문(新聞)에 대하여 281

part 1

배움(學問)에 대하여

Analects of the World

위대한 학자가 하나 죽을 때, 많은 학문이 그와 더불어 죽는다.
- E. 쿠크 경

옛날 학자들은 몸을 닦기 위해 공부 했는데, 오늘날 학자들은 타인(他人)에게 알려지기 위해서 공부하고 있다. - 공자

인간은 어디서나 채워질 수 있는 어느 정도의 지적(知的) 무지를 가져야 한다. - 캐더링

인간의 교육에 대한 시험과 효용은 자기 정신의 수련에서 기쁨을 찾는 것이다. - J. 바르쥔

오오 나의 형제들이여! 세상에 많은 오물이 있다는 것에는 깊은 지혜가 숨겨져 있는 것이다. — 니이체

먼저 회의하고, 다음엔 탐구하고 그리고 나서 발견한다. — 버클

나는 나의 길을 인도해 주는 유일한 램프를 지니고 있다. 그것은 경험이란 램프다. — P. 헨리

최초의 교육 목적은 '배우는 방법'을 배우는 것이다. 생애의 나머지는 응용하면서 배워야 한다. — 모로아

교육의 목적은 각자가 자기의 교육을 계속 할 수 있게끔 하는 데 있다. — 듀이

어린이의 교육은 면학의 욕망과 흥미를 환기시키는 것이 가장 중요하다. 그렇지 않으면 책을 등에 진 나귀를 기르는 꼴이 되어 버린다. — 몽테뉴

자녀를 정직(正直)할 수 있게 하는 것이 교육의 시작이다.

— J. 러스킨

🗝 젊은이를 가르치고 교육시키는 것보다도 더 위대하고 좋은 선물을 국가에 바칠 수 있는가?   - 키케로

🗝 모든 것에 배움을 얻으려는 자는 현명한 사람이다.   - 웨리키

🗝 남에게 묻기를 좋아하는 사람은 스스로 자신의 지식을 충족케 하고, 자기의 주장만이 옳다고 하는 사람은 자기의 식견을 좁게 한다.   - 불경

🗝 공부만 하고 놀지 않으면 바보가 된다.   - J. 하우얼

🗝 배우려는 욕구가 많은 곳에서는 필연적으로 많은 논의와 많은 저술, 많은 의견이 있을 것이다. 착한 사람들의 의견은 형성 중에 있는 지식에 불과한 것이다.   - J. 밀턴

🗝 생애에서 한 명의 훌륭한 교사는, 때로는 타락자를 건실한 시민으로 바꿔 놓을 수 있다.   - P. 윌리

🗝 초목과 들판은 나에게 아무 것도 말해 주지 않는다. 인간이 나의 스승이다.   - 플라톤

배우지 않은 슬픔이여, 이것은 나태한 사람의 자기 변명이다. 그렇다면 공부를 하라! 공부한 일이 있으니까 이제는 공부하지 않는다는 말도 정말 우스운 말이다. 과거에 기대를 갖는다는 것은 과거를 한탄하는 것과 마찬가지로 어리석은 일이다. 이미 진행된 일에 대해서는 그 진행된 사실 속에 묻어 버리는 것이 좋다.   - 알랑

아무리 뛰어난 인간이라도 배우지 않은 것은 알지 못한 것이며, 접촉이 없는 것에 대한 이해는 기대할 수 없다.
  - 대망경세어록

오늘날의 교육에 돌려야 할 비난은 청년들에게 성애(性愛)가 인생에서 어떠한 역할을 하는가를 숨기고 있다는 것 뿐 만은 아니다. 이 밖에도 청년은 이윽고 공격의 대상이 될 것을 뻔히 알고 있으면서 그 공격에 대한 준비를 시키지 않은 채 내버려 두는 것도 또한 그렇다.   - 프로이트

옛날에 소를 먹이는 사람이 있었는데, 자신의 소는 다루지 않고 남의 소를 세어서 자기의 소유로 생각했다. 그래서 버려둔 자신의 소는 모진 짐승의 해를 당하고, 혹은 숲 속에 잃어버려 그 수가 날로 줄어들었지마는, 그는 그것을 깨닫지 못했다. 그래서 공연히 남의 웃음거리만 되었다. 공부하는 사람으로서 아무리 많이 들었다 해도, 스스

로 법을 따르지 않고, 함부로 남을 가르치려 한다면, 그것은 마치 저 소 먹이는 사람이나 다름이 없는 줄 알라. 스스로 자기를 다루지 못하고 어떻게 능히 남을 다룰 수 있겠는가.   - 법구경

일거리가 없어서 괴로워하는 사람도 있고, 물 기근으로 고통 받는 사람도 있지만, 현명한 지혜가 없어서 괴로워하는 사람은 훨씬 더 많다.   - 쿨리지

그처럼 숙련(熟練)은 늦게 오는데, 인생은 빨리 날아가고 그처럼 배운 것은 적은데 잊은 것은 너무 많다.   - J. 데이비스 경

1년의 학습(學習)이 20년의 경험보다 더 많이 가르쳐 준다.
   - R. 애스컴

인생은 유혹의 과정이다. 그러나 그것은 자신을 믿는 자기 힘의 시험이어야 한다.   - 법구경

교육―현 세대로부터 장래 세대에 지불되는 부채(負債)이다.
   - 피보디

교육이란 하나의 편견을 삼키는 과정에 지나지 않는다.   - 피셔

교육의 참된 목적은 사람들에게 착한 일을 하도록 원할 뿐만 아니라 사람들에게 착한 일을 하는 그 자체에서 기쁨을 발견하도록 하는 것이다. 교육은 사람들을 결백하게 만들 뿐 아니라 그 결백함을 사랑하도록 함에 있다. 정의를 지키게 할 뿐 아니라 정의를 목마르게 희구하게끔 만드는 데 그 목적이 있다.   - 존 러스킨

나는 열다섯 살 때 학문에 뜻을 두고, 서른에 자립하고, 마흔에 사리에 통하여 의혹에서 벗어났고, 쉰 살 때 하늘로부터 받은 사명을 알았고, 예순에 남의 말을 순순히 받아들였고, 일흔 살 때 비로소 마음에 따라 행해도 결코 법도에 어긋나는 일이 없었다.   - 공자

사람은 죽는 순간까지 무엇인가 하나씩 배워서는 뻗어가고, 뻗어서는 배워가는 것인가 보다.   - 대망경세어록

책을 배우기보다는 사람을 배우는 것이 중요하다.   - 라 로슈프코

어린아이는 어린아이의 마음으로 듣고 어린아이답게 해석을 내린다. 모든 사람들은 그들 자신의 마음으로 듣는다.
- 브하그완

공공적 교육은 이미 존재하지 않으며 또한 존재할 수 없다. 왜냐하면 이미 조국이 없는 곳에 시민이 있을 수 없기 때문이다. '조국'과 '시민'이란 두 언어는 현대 언어에서 말살되어야 할 것이다.
- 루소

경험은 수업료가 비싼 학교이지만, 어리석은 자는 다른 학교에서는 배우려 들지 않는다.
- 프랭클린

우리의 모호하고 산만한 교육이 인간을 불확실한 것으로 만든다.
- 괴테

그 집안을 다스리지 못하고는 능히 남을 가르칠 수 없다.
- 대학(大學)

인간은 인간에 의해서만 인간이 될 수 있으며, 인간에게서 교육의 결과를 제외하면 무(無)와 같다.
- 칸트

🗝 교육은 국가를 만들 수는 없지만 교육이 없는 국가는 마침내는 멸망을 면치 못한다. － 루즈벨트

🗝 이제 우리가 교육을 찬성하는 것은 사람을 좀 더 일할 수 있는 사람으로 만들자는 것이 아니라, 일하는 사람으로 하여금 좀 더 좋은 사람이 되게 하기 위함이다. 학교를 여는 자(者)는 감옥을 닫는다. － 빅토르 위고

🗝 외적 사물에 대한 학문은 고난시에 나에게 도덕에 대한 나의 무지를 달래 주지는 않을 것이다. 그러나 덕성(德性)에 대한 학문은 외적인 학문에 대한 나의 무지를 항상 위로해 줄 것이다. － 파스칼

🗝 교육은 국가의 싸게 먹히는 방위(防衛)다. － 버크

🗝 현명한 사람은 어리석은 자가 그에게서 배우는 것보다 훨씬 많은 것을 어리석은 자에게서 배운다. － 카토

🗝 지식은 고령자에겐 기분 좋은 은거처이며 필요한 피난처이다. 젊을 때 지식을 심어두지 않으면 늙었을 때 햇볕을 가려 주는 구실을 해주지 않을 것이다. － 체스터피일드

🗝 한 사나이가 무엇인지 자신도 모르는 것을, 그에게는 조금도 소질이 없는 사나이에게 가르치고, 게다가 숙달 면허증을 수여하면, 받은 사나이 쪽은 신사교육(紳士敎育)을 끝마친 것으로 된다.
- 버나드 쇼

🗝 가르치기 좋아하는 사람이 잘 배운다. - 소크라테스

🗝 젊을 때에 배움을 소홀히 하는 사람은 과거를 잃어버리고 미래에도 죽는다. - 에우리피데스

🗝 교육은, 노년기를 위한 무엇보다도 훌륭한 대비책이다.
- 아리스토텔레스

🗝 순수한 본질이 그대의 내부에서 굽이쳐 흐르게 할 수가 있다. 그것이 바로 배움인 것이다. - 브하그완

🗝 교육의 뿌리는 쓰지만 그 과실은 달다. - 아리스토텔레스

🗝 어릴 때의 교육을 즐거움으로 알라. 그러면 너의 타고난 성벽을 더 쉽게 찾아낼 수 있을 것이다. - 플라톤

🗝 적에게서도 배우는 것이 언제나 안전하며, 친구에게 가르치려고 모험하는 것은 안전하지 못하다. - C. C. 콜튼

암시(暗示)하는 법을 아는 것은 가르치는 커다란 기술이다.
- 아미엘

싹이 튼 채 이삭이 나오지 않는 것도 있고, 이삭이 나온 채 결실이 되지 않는 것도 있다.
- 공자

학식은 현자(賢者)를 더 현명하게, 우자(愚者)를 더 어리석게 만든다.
- J. 레이

같은 책, 같은 내용이지만 그것은 언제나 그대가 그것을 읽었던 어제와는 아무 관계가 없다.
- 브하그완

우리는 암소에게서 배워야 할 일이 한 가지 있다. 그것은 바로 반추하는 일이다.
- 니이체

교육을 경멸하는 사람들은 무식한 사람들 뿐이다.
- 푸블릴리우스 시루스

그대 자신에 대해서 안다는 것, 그리고 그대가 배운다는 것, 이 두 가지는 완전히 다른 것이다.
- 브하그완

우리가 할 수 있기 이전에 배워야 할 일들은, 그 일을 함으로써 배운다.
- 아리스토텔레스

타인(他人)의 재난에서 지혜를 얻는 사람은 행복하다.
- 푸블릴리우스 시루스

이 나라 국민의 교육에 이 나라 운명이 달려 있다.
- 디즈레일리

우리들은 학교에서 배우는 것이 아니라 인생에서 배운다.
- 세네카

가장 난폭한 망아지가 길들이면 명마가 된다.
- 플루타르쿠스

모든 국가의 기초는 그 나라 젊은이들의 교육이다.
- 디오게네스

교육은 인격(人格) 형성을 목적으로 한다.
- H. 스펜서

교육은 젊은이들에게는 억제한 효력(效力)이 있으며, 노인들에게는 위안, 가난한 자에게는 재산, 부자들에게는 장식품이다.
- 디오게네스

사자를 피해서 도움을 받으러 이리에게 달려가는 것은, 언제나 세상에서 순진한 자(者)가 하는 짓이다.
- J. 바드

빈곤은 많은 뿌리가 있지만, 그 원인은 바로 무지(無知)이다.
- L. B. 존슨

무식한 사람은 배우지 못한 사람이 아니라, 자기 자신을 알지 못하는 사람이다. 　　　　　　　　　　　　　　　　　- 브하그완

교활한 사람은 학문을 경멸하고, 단순한 사람은 학문을 찬양하며, 현명한 사람은 학문을 이용한다. 　　　　　　　　　　　- 베이컨

배우지 않으려면 차라리 태어나지 않는 편이 낫다.
- J. 헤이우드

교육이 어느 방향으로 인간을 출발시키느냐에 따라 그 사람의 장래가 결정된다. 　　　　　　　　　　　　　　　　　　- 플라톤

개인적 경험에만 있을 만큼 둔한 사람은 너무 둔하여 중요한 것은 경험으로 배울 수 없다. 　　　　　　　　　　　- D. 마퀴스

사람은 조금밖에 알지 못하고 있을 때만, 정확히 알고 있다. 지식과 더불어 의혹도 강하게 된다. 　　　　　　　　　　　　- 괴테

조금을 알기 위해서 많이 공부해야 한다. 　　- 몽테스키외

🔑 교육은 번영할 때는 더욱 빛을 더 해주는 장식품이요, 역경(逆境)에서는 몸을 의지할 수 있는 보호처가 된다.   - 아리스토텔레스

🔑 교육은 천부(天賦)의 가치를 높이고, 올바른 수련은 마음을 굳세게 한다.   - 호라티우스

🔑 인간은 적어도 날마다 약간의 노래를 듣고, 좋은 시를 읽고, 훌륭한 그림을 보고, 또 가능하다면 몇 마디의 합당한 말을 해야 한다.   - 괴테

🔑 언젠가 날기를 배우려는 사람은 우선 서고, 걷고, 달리고, 오르고, 춤추는 것을 배워야 한다. 사람은 곧바로 날 수는 없다.   - 니이체

🔑 나는 배우기 위해서 살지, 살기 위해서 배우지는 않을 것이다.   - 베이컨

🔑 너무 많은 교육과 너무 적은 교육은 지성을 방해한다. - 파스칼

🔑 깨달을 수만 있다면 모든 것이 교훈이다.   - L. 캐럴

🔑 알아야 할 것을 스스로 체험하는 것은 참으로 좋은 일이다.   - 헤세

🗝 모든 올바른 교육은 전생애의 주요 사업인 자기 교육에 사람을 이끌어들이는 것이 아니면 안 된다. – 힐티

🗝 인간은 교육을 받으면 받을수록 점점 더 호기심이 강해진다. – 루소

🗝 시험에서는 알고 싶어 하지 않는 사람이 대답을 못하는 사람에게 묻는다. – 롤리

🗝 해방이야말로 교육이다. 묘목의 연약한 싹을 해치려는 모든 잡초나 해충을 제거하고 빛과 열을 부어서 애정을 가지고 밤의 비를 내리게 하는 것이야말로 진정한 교육인 것이다. – 니이체

🗝 세상 사람들은 스스로 아는 것이 적으면 적을수록 많이 아는 사람을 미워한다. – 유빈

🗝 배울 시간이 없다고 말하는 사람은 시간이 있어도 배울 수가 없다. – 회남자

학문이 없는 사람은 칼이 없는 병사나 비가 내리지 않는 밭과 같다. 그것은 바퀴 없는 차, 붓이 없는 서기와 같은 것이다. 신도 나귀 머리를 결코 좋아하시지 않는다.   - 싼타클라라

어리석은 학자는 어리석은 무학자보다 더 어리석다.   - 모리엘

공부하는 사람은 좋은 땅을 가린다. 지옥을 버리고 천계(天界)를 취한다. 그는 거룩한 법을 설하기를 좋은 꽃을 가려서 꺾는 것과 같이 한다.   - 법구경

불가사의는 모든 철학의 근본이다.   - 몽테뉴

나의 어리석은 부모는 나에게 읽고 쓰는 것을 가르쳤노라.
    - 마르티알리스

청소년들이여, 그대들은 학문(學問)을 주머니 속에 넣지 말고 학문과 결혼하라. 당나귀가 짐을 싣고 허덕거리며 가듯 하지 말고, 애인(愛人)처럼 학문과 손잡고 가는 사람이 되라.   - 몽테뉴

큰 기쁨은 큰 공부를 거쳐서만 얻어진다.   - 괴테

학문(學問)은 코 끝에 걸고 다닐 코걸이가 아니다. 배꼽 아래에 지그시 담아 둠으로써 그 가치가 있다.
— 서양 격언

배움이란 무엇인가? 그것은 바로 잃어버린 양심(良心)을 찾는 데 있다.
— 맹자(孟子)

생각과 반성만으로는 위태롭다. 배움의 힘을 얻지 않으면 안 된다. 동시에 배운다는 것도 한편으로 생각하면, 몸에 새기지 않고는 앞이 내다보이지 않는다. 한 사람의 생각이나 지혜라는 것엔 한도가 있는 것이다. 그러기 때문에 배워야 하며, 배우는 동시에 생각해야 한다. 배우며 생각하고, 생각하며 배워야 그 앞에 빛이 있다.
— 공자(孔子)

스스로 배울 생각이 있는 한, 천지 만물 중에 하나도 스승이 아닌 것이 없다. 사람에게는 세 가지의 스승이 있다. 하나는 대자연이며, 하나는 인간이며, 또 하나는 모든 사물(事物)이다. 산골짜기에 가면 산골짜기의 풍경이 있고, 들에 가면 들의 풍경이 있다. 그리고 춘하추동의 변화와 밤하늘의 무수한 별의 모든 것에서 우리는 많은 것을 느끼며 깨달을 수가 있다. 한 조각의 빵을 훔친 소년을 보고도 우리는 많은 것을 느끼며, 배울 수 있다.
— 에밀

선(善)한 행위를 하는 자(者)만이 잘 배운 자라 할 수 있을 것이다.
- 인도의 격언

인간은 아무튼 배워야 한다.   - 사아디

part 2

지식(知識)에 대하여

Analects of the World

세상의 위대한 인물은 흔히 위대한 학자가 아니었고, 위대한 학자가 위대한 인물도 아니었다. - O.W. 홈즈

대중 앞에서 말하고, 고독하게 생각하며, 독서하고, 듣고, 질문하며, 질문에 답하는 것이 학자의 일이다. - S. 존슨

나의 경우, 내가 아는 전부는 나는 아는 것이 없다는 것이다. - 소크라테스

인간의 지식은 경험의 영역을 벗어나지 못한다. - J. 로크

지식이 없으면 인생은 죽음의 그림자에 지나지 않는다. - 몰리에르

지식은 신사(紳士)의 시작이며, 신사로서의 완성(完成)은 대화이다.
— T. 플러

모든 경험은 건조(建造)되는 아아치다.
— H. 아담스

충심으로 지식을 갈망하는 사람은, 언제나 지식을 얻는다는 것이 지식의 특징이다.
— 제프리즈

지식은 진실로 천계(天界)의 위대한 태양이다. 생명과 힘과 지식은 모든 빛으로 흩뿌려진다.
— 웹스터

결국 교육만이 질적으로 가장 우수하고 양적(量的)으로 무한한 즐거움으로 우리들을 인도할 수 있다.
— H. 맨

이 세상에서 중요한 일은 누구보다도 더 많이 안다는 것이 아니라, 그때 그때에 어느 개인보다도 더 많이 안다는 것이다.
— 괴테

지혜를 이해하는 데는 지혜가 필요하다. 음악은 청중이 귀머거리이면 아무 것도 아니다.
— 리프먼

지식에 대한 욕구는, 재물에 대한 갈망과 마찬가지로, 이를 획득하면 할수록 증대한다.
— L. 스턴

아름다움은 신이 준 것이지만, 지식은 시장(市場)에서 구입된다.
- 클러프

그대가 지금 바라보고 있는 갠지스 강은 조금 전의 갠지스 강이 아닌 것이다.
- 브하그완

지식의 나무 열매는 여러 가지이다. 그 열매를 모두 소화 할 수 있는 사람은 실로 굳셀 것임에 틀림없다.
- M. 코울리지

그 사람이 점점 소박하여지는 데서, 그의 학문이 점점 깊어지는 것을 안다.
- 영국 속담

경험은 어리석은 자의 교사다.
- 리비우스

회의는 지식 못지않게 나를 매료한다.
- 단테

지혜가 많으면 번뇌도 많으니 지식을 더하는 사람은 근심을 더하느니라.
- 구약성서

무지(無知)의 진정한 특징은, 허영과 자만과 교만이다.
- S. 버틀러

빈 가방은 똑바로 설 수 없다.
- 프랭클린

지식에 대한 욕망이 보편적인 것으로 흐를 때는 학구심이 되고, 개별적인 것으로 흐를 때는 호기심이 된다.   - 쇼펜하우어

이 세상에서 배울 수 있는 지식 중에서 천국에까지 가지고 갈 수 있는 것은 오직 수학뿐이다.   - 오스본

지식은 사랑의 어버이요. 지혜(知慧)는 사랑 그 자체이다.   - 헤어와

세상에는 잘못된 지식의 탓으로 망하는 사람이 참으로 많다.   - 토마스 아 켐피스

지식 없는 열중(熱中)은 빛 없는 불과 같다.   - J. 레이

괴로움과 즐거움을 함께 섞어서 연마한 끝에 얻은 복이 비로소 오래 간다. 의문과 믿음을 같이 참작한 끝에 이룬 지식, 그 지식이야말로 비로소 참된 것이니라.   - 채근담

무지(無知)는 결백이 아니라 죄악이다.   - R. 브라우닝

지식인인 체하는 사람은 자기의 지능 이상으로 교육을 받은 사람이다.   - 매듀즈

아무 것도 알지 못하는 속에 가장 달콤한 삶이 있다.
- 소포클레스

만약 그대가 고전을 볼 경우에는 그것을 기억하려 하지 말라. 그대가 주인공이 되라. 그렇지 않으면 그대는 놓칠 것이다.
- 브하그완

남의 마음을 꿰뚫으면서도, 남이 자기 마음을 알지 못하게 하는 것은 예지가 뛰어난 증거이다.
- 사블레 부인

에덴동산에서 나를 마음대로 추방하되, 우선 나로 하여금 지식의 나무 열매를 먹게 하라.
- R. G. 잉거솔

어느 것이나 명확하게 아는 사람은 없다. 또한 그러한 사람은 앞으로도 존재하지 않을 것이다.
- 크노세파네스

새로운 지식만큼 매혹적인 것은 없다.
- 레이덤

지식은 고생함으로서 시작되고, 인생은 죽음으로서 완성된다.
- 브라우닝

우리의 지식이 증가할수록, 우리의 무지가 더욱 밝혀진다.
- 케네디

🗝 사실, 지식은 덕성(德性) 다음으로, 실제적 본질적으로 한 인간을 다른 인간 위에 올려 놓는 것이다.   - 에디슨

🗝 너의 근원(根源)을 생각하라. 너는 야수처럼 살도록 태어나지 않았고, 덕(德)과 지식을 추구하도록 태어났다.   - 단테

🗝 하찮게 생각될지는 모르지만, 지식이라는 열쇠는 양쪽으로 돌릴 수 있다. 즉 많은 사람들에게 힘의 문을 잠글 수 있는 동시에 열 수 있다는 사실도 하나의 위대한 발견이었다.   - J. R. 로우얼

🗝 한 문제를 반 정도 아는 것보다는 모르는 것이 더 낫다.
  - 푸블릴리우스 시루스

🗝 우리는 타인(他人)의 지식에 의해서 박식(博識)해질 수 있지만, 지혜 있는 사람이 되기 위해서는 우리들 자신의 지혜에 의존해야 한다.   - 몽테뉴

🗝 사랑은 지식의 어머니다.   - 레오나르도 다빈치

🗝 모든 것을 조금씩 다 안다는 것은 하나도 알지 못한다는 것이다.
  - C. 디킨즈

🗝 아는 것이 많은 사람은 근심이 많다.   - 레싱

청년기에는 사람이 알고 있는 것이 그다지 중요하지 않다. 배우는 방법을 아는 사람이 충분히 아는 것이다.   - H. B. 홈즈

지식의 큰 가치는 다른 사람에게 그것을 전할 수 있는 동시에 그 사람이 그것을 확인하고 지킬 수 있다는 점에 있을 것이다. 오직 그렇게 할 수 있을 때에만 그것은 무한한 중요성을 가져오는 것이다.   - 쇼펜하우어

아무 것도 모르는 것보다는 쓸데 없는 것이라도 아는 편이 낫다.   - 세네카

한 가지 새로 배운 것을 행동에 나타내고 혹은 실제로 이용할 적에 그것이 얼마나 즐거운 일인가!   - 공자

지식은 그만큼 많이 배웠다는 자랑이요, 지혜(知慧)는 더 이상 모른다는 겸양이다.   - W. 쿠퍼

무지는 신(神)의 저주를 받을 만한 것이요, 지식은 우리를 천국으로 날아가게 하는 날개이다.   - W. 모리스

무지는 결코 악을 낳지 않는다. 위험한 죄악을 낳는 것은 오직 오류의 관념이다.   - 루소

의무는 모든 사람이 걸을 수 있는 길인 반면에 지식은 소수의 사람만이 오를 수 있는 가파른 비탈이다. － 모리스

인간은 자기 자신에 대해서 너무도 무지하므로 건강할 때도 죽지나 않을까 하고 생각하며, 죽음을 맞이하면서도 건강하다고 생각한다. 열이 나고 곪으려고 하여도 느끼지 못한다. － 파스칼

이해는 외부로부터 오는 것이 아니라 내적인 자아 지식으로부터 생겨난다. 자아 지식이란 인간의 전체적인 심리과정에 대한 깨달음을 말한다. － 브하그완

지식은 위인을 겸손하게 하고, 범인을 놀라게 하며, 소인을 자만에 빠지게 한다. － 영국 속담

인간에게는 네 가지가 있다. 무식하면서 무식함을 모르는 사람은 바보니, 그는 피하라. 무식하면서 무식함을 아는 사람은 단순하니, 그는 가르치라. 유식하면서 유식함을 모르는 사람은 잠을 자니, 그를 깨우라. 유식하면서 유식함을 아는 사람은 현명하니, 그를 따르라. － 버튼 여사

유일한 선이 있는 바 지식이요, 유일한 악이 있는 바 무지(無知)이다. － 소크라테스

자각(自覺)에의 첫 단계는 자기불신이다. 우리들은 이러한 과정을 밟지 않고서는 어떠한 지식도 얻을 수 없다. - 헤어와

지식에 대한 투자(投資)가 이윤이 가장 높다.   - 프랭클린

경험에 의해서 안겨지는 것은 귀중한 지식이다.   - 아스참

우리는 지식(知識)으로 살지, 시각(視覺)으로 살지 않는다.
 - 그라시안

인간은 모두 선천적으로 지식을 갈망한다.   - 아리스토텔레스

지식은 되풀이 하지 않으면 자기 것이 되지 못한다.   - 로크

진정한 교사는 가르치는 제자에게 자기 자신의 개인적 감화가 미치는 것을 저지한다.   - 울코트

무지는 신의 저주이며, 지식은 천상에 이르는 날개다.
 - 셰익스피어

예지를 지니기 위해서는 우리들은 무지를 지니지 않으면 안 된다.
 - 드라이처

무지(無知)한 사람은 언제나 자기가 이해할 수 없는 것을 숭상한다.
— C. 롬브로소

무지하다는 것을 자각하는 것은 지식 향상의 한 커다란 단계이다.
— 디즈레일리

불가사의는 무지의 딸이다.
— 폴로리오

지식의 차이는 언제나 인간을 묘한 위치로 바꾸어 놓는 법이다.
— 대망경세어록

무지한 것처럼 보이는 것은 때때로 최대의 현명한 지혜가 된다.
— 그라시안

나는 타고난 연구가였다. 나는 지식에 대한 강한 갈망을 느끼며 지식을 진보시키려는 열망을 가졌고, 또한 지식의 진보를 이룰 때마다 만족을 느꼈다.
— 칸트

불의 빛이 시초인 것처럼 언제나 사람의 지식이 시초이다.
— 카알라일

어떠한 사람의 지식도 그 사람의 경험을 넘어서는 것은 아니다.
— 로크

그대는 책을 읽음으로 해서 단순히 과거의 기억들을 긁어 모으려고만 한다. 지나간 것들은 모두가 죽어 있는 것들인데도 불구하고, 그대는 계속 그 죽어 있는 것들을 긁어모으기만 한다. 과거를 모으지 말라. 새로움으로 충만 하라. 그대가 무엇을 하든, 그것은 그대 자신에 달려있는 것이다.
- 브하그완

우리는 배울수록 더욱 더 우리의 무지(無知)를 발견한다.
- 셀리

불가사의—그것은 지식의 씨앗이다.
- 베이컨

다른 대상에 대한 우리의 지식이 얼마나 적은가를 알기 위해서는 하나의 대상에 관한 우리의 무지(無知)를 측정할 필요가 있다.
- J. A. 스팬더

초등학교·중 고등학교·대학교에서 가르치는 사항들은 교육이 아니라 단순한 교육의 수단이다.
- 에머슨

지식은 행동을 통하여 얻어져야만 한다. 해보지 않는다면 모든 시험은 공상에 불과하다.
- 소포클레스

🗝 육체의 운동은 강제되었을 때도 육체에 아무런 해도 끼치지 않지만, 강제에 의해서 얻어진 지식은 정신을 이롭게 하지 못한다.   - 플라톤

🗝 다른 모든 지식보다도 인생을 밝게 비치며 인생을 지도할 수 있는 지식만이 중요한 것이다.   - 톨스토이

🗝 학문의 발달과 덕성(德性)의 정화(淨化)는 일치하는 것이 아니다. 오늘날 이전의 모든 민족에 있어서는 학문의 발달이 그 민족의 발달과 일치 했다고 말할 수 있다. 그러나 오늘날에 있어서는 그 반대라 생각하지 않을 수 없다. 그 이유는 우리들이 공허하고 기만적인 지식을, 참되고 높은 지식과 혼동하고 있다는 점에 있어서 그러한 것이다. 학문은 그 가장 빛나는 의미에 있어서 충분히 존경해야 할 가치가 있는 것이다. 그러나 오늘날의 학문은, 그저 어리석은 사람들만이 그것을 부를 수 있는 것으로, 괴상하고 우스꽝스러운 것밖에는 못되는 것이다.   - 루소

지식에 있어서 중요한 것은 양(量)은 아니다. 정당한 평가(評價)가 가장 중요하다. 어떤 지식이 가장 중요한가? 그 다음으로는 어떤 지식이 중요한가? 제 3으로는? 그리고 최후로는? 이렇게 그 순서를 아는 것이 중요하다.
— 톨스토이

잠 안 오는 사람에게는 밤이 길고 다리 아픈 사람에게는 인생이 멀다. 인생을 쉽게 걸어가려면 지혜가 있어야 하며, 누구나 배우지 않으면 지혜를 얻지 못한다. 인생은 배우는 데서 시작된다. 좋은 책이 있거든, 무엇을 두고도 먼저 읽으라.
— 토로

세상에는 두 가지의 무식이 있다. 하나는 처음부터 배우지 않은 사람, 다른 하나는 소위 많이 안다는 학자라는 사람 층에서 발견된다. 학자 층에 오히려 하나의 무식자를 발견해야 한다는 것은, 이 사람들이 자기를 학문 있는 사람이라고 생각하여 모든 점에 있어서 자신을 갖고 사정없는 판단을 내리기 때문이다. 즉 그들은 자기가 마치 심판자(審判者) 같이 행세하기 때문에 늘 그릇되고 있는 것이다. 단순한 민중들은 누구보다도 이런 사람들의 말과 판단을 믿지 않고 경멸하는 적이 있다. 이때, 자칭 학자들은 민중을 무지하다고 경멸하는 것이다.
— 파스칼

지식과 지혜는 각각 독립되어 있다. 글을 몰라도 지혜로운 사람이 있고, 아는 것이 많아도 지혜롭지 못한 사람이 있다. — 러스킨

part 3

종교(宗敎)에 대하여

Analects of the World

사람이 큰 소리로 종교에 반대하는 말을 할 때는 그것이 그의 이성이 아니라, 그의 신조로서 보다 좋은 것을 가졌다는 그의 열망이라고 생각하라. – L. 스턴

종교의 차이는 정치의 차이보다 더욱 많은 분쟁을 일으킨다. – W. 필립스

신앙이 존재하는 곳에 신이 존재한다. – 세르반테스

특히 그녀는 믿을 필요가 있었다. ……사람이 행하는 것을 믿고, 사람이 욕구하는 것을 믿고, 사람이 탐구하며 혹은 꿈꾸는 것을 믿고, 존재하는 것을 믿으며, 모든 혐오와 환멸에도 불구하고 자기와 인생을 믿는 것……
- 로망 롤랑

하나님을 믿는다. 그러면 아무 것도 두려워 할 필요가 없다.
- 에드워드

믿음이란 겨울에는 난로와 같은 것이고, 여름에는 이슬과 같은 것이다.
- 서양 격언

인생의 목적에 대한 의문에 대답할 수 있는 것은 종교뿐이다. 사람들은 거의 서슴지 않고 이와 같이 결론할 것이지만, 인생의 목적 따위의 이념은 종교의 체계와 더불어 생겨서 함께 멸망하는 것이다.
- 프로이트

신앙은 모든 지식의 처음이 아니라 끝이다.
- 괴테

모든 지식은 의혹에서 시작되고 신앙에서 끝난다.
- 에센바흐

종교적 교화는 교육의 기초다.
- 성서

🔑 종교는 흡수될 수 있을 지는 몰라도, 결코 논박(論駁)되지는 않는다.
― 와일드

🔑 신앙이 없는 인간의 생활이란 짐승의 생활이나 다름 없다.
― 칸트

🔑 종교가 없는 과학은 불구(不具)이고, 과학이 없는 종교는 맹목(盲目)이다.
― 아인슈타인

🔑 빵이 없는 사람에게 천국을 설교하는 것은 참으로 부끄러운 일이다.
― 간디

🔑 인간은 세 가지로 구별할 수가 있다. 하나는 신을 찾고, 신을 위해 봉사하는 사람, 다른 하나는 신을 찾을 수도 없고, 또 찾으려고 하지 않는 사람들이다. 이런 사람들은 지혜도 없고 행복도 느끼지 못한다. 셋째는 신을 찾아낼 능력이 있는 사람들인데 죽으려고 하지 않는다. 이들은 지혜는 있을지 몰라도 아직 행복하지는 않다.
― 파스칼

🔑 내세(來世)가 없다고 하면 그리스도교의 교의는 영원히 남게 될 세계의 기만이다.
― M. 스코트

인생에 있어서 믿음보다 더 성스러운 것은 없다. 믿음은 한 개의 커다란 유동력으로 저울에 달아볼 수도 없고 시험해 볼 수도 없는 것이다. - 오슬러

회의와 신앙은 둘 다 필요하다. 어제의 신앙을 좀먹는 회의는 내일의 신앙에 자리를 내준다. - 로망 롤랑

종교-가장 깊숙한 인간 경험의 목소리. - 아놀드

나는 종교적이다. 어떤 습관에 따른다든가 교리 앞에 엎드려 복종한다든가 하는 것이 종교적이라면 명백히 나는 종교적이 아니다. 지금 이 시대에 그런 자는 있을 수 없다. 자기의 비평 정신과 이성을 포기할 수는 없다. 그러나 내 생각으로는 종교라는 것은 경을 외우는 것과는 전혀 다른 것이다. 우주는 법칙을 유지하며 또한 만물의 종자를 보존하는 '알 수 없는 힘'에의 예배인 것이다. - 로댕

신앙은 사람들을 행복하게도 하지만 맹목적으로도 만든다. 맹목의 신앙은 미신에 빠지고 곧 신앙자 자신에게 뼈아픈 배신으로 보응해 온다. 그러나 무엇보다도 중요한 것은 그러한 열렬한 신앙을 가진 자(者)가 그 종교가 위기에 처해 있을 때에 어떻게 행동하는가에 있다. - 대망경세어록

미신은 약하디 약한 마음의 종교다.   - 버어크

사람은 결코 죽음을 생각해서는 안 된다. 오직 삶을 생각하라. 이것이 참된 신앙이다.   - 디즈레일리

신앙은 불가시적(不可視的)인 것에 대한 사랑이다. 불가능하게 보이고, 있을 수 없는 것으로 보이는 것에 대한 우리들의 신뢰다.
    - 괴테

있는 그대로의 순결한 믿음에는 아무런 요술이 있을 수 없다.
    - 셰익스피어

인간은 그 신앙으로 굳으면, 홀로 있어도 혼자가 아니다.
    - 포이에르 바하

남이 나 대신 살거나 죽어줄 수는 없는 것이다. 이처럼 어느 누구도 대신 믿어줄 수는 없는 것이다.   - M. 뮐러

사랑이 없는 신앙은 한 푼의 가치도 없다.   - 루터

종교의 진정한 의미는 단순한 도덕이 아니라, 감정으로 약간 미친 도덕이다.   - 아놀드

종교는 피압박 인간의 증거요, 무정한 세계의 감상이며, 기백 없는 상태의 정신이다. 그것은 국민의 아편에 불과하다.   - 마르크스

성직이라는 것은 젊은 사람과는 유형 무형으로 다른 인간을 필요로 하는 것이다.   - 헤세

인생은 모두 신앙의 행위다. 그것 없이는 인생은 곧 붕괴해 버릴 것이다. 강한 영혼은 호수 위를 걷는 베드로처럼 불안정한 지면을 걸어간다. 신앙이 없는 자는 빠져 들어가 버린다.   - 로망 롤랑

종교적인 사람은 그 스스로가 하나의 빛이다.   - 브하그완

종교는 불멸의 별이다. 지상의 밤이 더욱 어두워짐에 따라 천상에서 더욱 빛난다.   - 카알라일

종교가 없는 인간은 환경의 창조물이다.   - 하아디

세상의 모든 일이 신에 의하여 이루어진다는 것-이것이 바로 종교이다.   - 쉬라이엘 바하

스스로 구원을 받으려 하지 않는 사람을 어떻게 구할 수 있을까.   - 헤세

믿음은 종달새의 알에서 종달새의 지저귀는 소리를 듣는 것이다.
- 에머슨

미신은 신들에 대한 무감각한 공포로 이루어졌고, 종교는 신들에 대한 경건한 숭배로 이루어졌다.
- 키케로

신앙과 회의란 서로 상응하는 것이다. 그것은 서로 보충한다. 회의가 없는 곳에 참된 신앙이 있는 것이다.
- 헤세

믿음은 이 세상 나그네 길의 양식이다. 이보다 더 좋은 재물은 없다. 믿음이란 다른 사람에게 감사하고 자신을 참회하는 일이다.
- 청담조사

평화의 종교를 지니는 인간에게 있어서 그 최고의 가치는 사랑이다. 전쟁의 종교를 지니는 인간에게 있어서 그 최고 가치는 투쟁이다.
- 디킨슨

비판하는 정신은 그대를 철인으로 만들 수 있지만 사도를 만들 수 있는 것은 오로지 신앙 뿐이다. 신앙은 애정과 같은 것이어서 강제로 하지는 못한다. 그러므로 국가의 법률로써 그것을 채용하든가 구속하려고 시도하는 것은 잘못이다.
- 쇼펜하우어

신앙이란 열망의 모습을 가진 사랑이다.   - 차닝

신의 존재를 믿는다는 것, 인간의 행복은 이 한 마디에 들어 있다.   - 칸트

종교의 교의 따위는 거드름 부리는 종교적 관념에 지나지 않는다. 결코 경험의 축적된 것도 아니며 사색의 성과도 아닌 환상에 지나지 않는다.   - 프로이트

보통 때에는 신을 믿지 않는 사람이라도, 이따금 넓은 바다를 건널 때면 독실한 신도 이상으로 신을 믿기 마련이다.   - 서양 격언

진정한 신앙은 교회를 필요로 하지 않는다.   - 톨스토이

강한 신앙을 동경하는 것은 강한 신앙의 증거가 아니라 그 반대. 사람이 강한 신앙을 진실로 지닌다면 그 인간은 충분히 회의(懷疑)에 잠길 수 있다.   - 니이체

그는 신을 믿지 않았으며 신이 존재하지 않는다는 것을 믿고 있었다…… 그러나 그는 기도하지 않으면 안 되었다. 자신에게 기도하지 않으면 안 되었다. 전혀 기도하지 않는 것은 평범한 인간뿐이다. 그들에게는 강한 영혼의 사람들이 자기 신전에 들어앉을 필요가 있다는 것을 모른다.
- 로망 롤랑

신을 두려워하고, 이웃을 사랑하며, 죽음보다 죄를 두려워하는 사람이야말로 올바른 신앙을 가지고 있다.
- 야콥스

종교는 그것이 진실인 것이 입증될 때는 종언한다. 과학은 죽은 종교의 기록이다.
- 와일드

도덕과 행복의 길을 빨리 터득하는 방법은 믿음에 있다.
- 퀸틸리우스

믿는다는 것, 그것은 필요한 일입니다. 신앙 없이는 있을 수 없습니다. 그러나 남이 하는 말을 믿는 것을 말하는 것은 아닙니다. 자기 사상의 발전에 의하여, 즉 자기의 이성에 따라서 도달한 것을 믿을 일입니다. 즉 하나님을 믿는 일입니다. 진실한 영원한 삶을 믿는 일입니다.
- 톨스토이

우리 인간은 눈으로 보는 것에서가 아니라 신앙에 의하여 걸어가고 있다.
- 바울

인류의 여러 종교는 많은 인간들의 공통된 행복감을 보증하고, 고뇌를 방지하기 위해서 현실을 망상적으로 개변하는 시도로서의 대중적 망상이다.
- 프로이트

진심으로 믿게 될 때 사람은 옳게 되며 정의를 나타낼 것이다.
- 루터

신앙이란 높이 솟아 있는 백합꽃과도 같다.
- 로제티

종교는 둔한 양심의 숫돌, 마비된 자성력(自省力)의 식염주사다. 심경(心鏡)이 맑아짐으로 말미암아 은폐되었던 자기의 번민이 발견되고 촌분(寸分)의 악업이 척장(尺丈)으로 보이는 것이다. 커다란 신앙 출생의 진통이요, 커다란 위안이요, 커다란 환희의 전주곡이다.
- 법구경

신자가 믿지 않으면 안 되는 것 중에서, 유일한 신이 존재한다는 사실이야말로 가장 먼저 믿지 않으면 안 되는 것이다.
- 아퀴나스

신앙이란, 언제나 보다 큰 사실을 위해서 보다 작은 사실을 믿지 않는다는 것을 함축하고 있다.
- O. W. 홈즈

지옥은 평화와 안식이 결코 살 수 없는, 슬프고 우울한 그늘의 땅, 모든 것에 다 있는 희망도 결코 없다.　　　　　　　　　　- 밀턴

그대 마음과 신(神)과의 사이에 중개인(仲介人)을 끼우지 말라.　　　　　　　　　　　　　　　　　　　　- 톨스토이

천국은 우리의 머리 위에 뿐 아니라 발밑에도 있다.　- 드로우

오, 믿지 않는 자들이여, 나는 너희가 예배하는 것을 예배하지 않을 것이며, 또한 너희도 내가 예배하는 것을 예배하지 않을 것이다. 너희는 너희의 종교가 있고, 나는 나의 종교가 있다.　　　　　　　　　　　　　　　　　　　　- 코란

인간은 믿도록 태어났다. 나무가 과일을 열매 맺듯이 인간은 믿음을 지닌다.　　　　　　　　　　　　　　　　　　　- 에머슨

스스로를 종교(宗敎)에 바치고 있는 사람은 어두운 집 안에 등불을 들고 들어가는 사람과 같다.　　　　　　　- 불타(佛陀)

그대는 믿지 않고는 살지 못하리라. 각자가 믿고 있는 거다. 기도하라. 아침 해가 떠오르기 전에 경건히 있으라.　　- 로망 롤랑

신앙은 다수결로 결정되는 것이 아니다. 사람의 수로 신앙의 진실 여부를 저울질 하려는 사람은 신앙이 무엇인지를 모르는 것이다.
- 바울

신앙은 영혼의 시인을 받아들이는 데 존재하고, 불신앙은 그것을 부인하는데 존재한다. - 에머슨

완전한 믿음은 공포를 절대적으로 벗어나게 한다. - 맥도널드

지옥이란 소리 없는 구덩이에 지나지 않으며, 한 가닥 위로의 빛도 스며들지 않는 곳이다. - 헤리크

신앙은 인생의 힘이다. - 톨스토이

지옥과 법원은 언제나 열려 있다. - T. 플러

신앙의 가장 사랑스러운 자식은 기적이다. - 괴테

인간이 진정한 신앙을 가졌을 때 그의 몸에는 어두운 방에 불을 켰을 때 그 사람에게 일어나는 것처럼 일어난다. 즉 모든 것이 뚜렷해지고 마음속이 밝아지는 것이다. - 톨스토이

근대에 있어서 신앙은 고대의 정신을 보호하고 보존한다.　- 로댕

　신이 총애하는 인간은 요절한다.　- 플라우투스

나는 하나의 신만을 믿으며, 이 생명을 초월한 행복을 바란다. 인간의 평등을 믿으며, 종교적 본분은 자비와 공정을 행하고 모든 피조물들에 행복을 만들어 주고자 노력하는 데 있다.　- T. 페인

　신앙 없는 인간의 생활은, 저승의 생활이다.　- 톨스토이

행함이 없는 믿음은 헛것이다.　- 신약성서

　각자의 믿음은 그 자신의 눈에는 정당하다.　- 쿠퍼

　겨우 몇 백의 크리스찬이 정말로 그리스도를 믿고 있는데 불과하다. 다른 사람들은 믿고 있다고 생각하고 있던가, 그렇지 않으면 믿고 싶다고 생각하고 있는 것이다.　- 로망 롤랑

너무나 잘 믿어 버리는 것보다는 의심이 많은 편이 낫다.
　- 잉거솔

신앙도 계율도 종교의 궁극은 아니다. 무엇을 믿지 않고는 못살고 어떠한 계율을 필요로 하는 동안에는 진정한 안심(安心), 입명(立命)이 있을 수 없는 것이다. 무엇보다도 먼저 모든 것을 버려라. 그 뒤에 오는 자율적 생의 획득—거기에는 종교 그것도 없는 것이다.
- 법구경

오오, 신앙은 만 번이나 마술에 빠져 가면서도 조금도 자기를 잃지 않는 것이다.
- 키플링

신앙이란, 인간의 보수금의 약속이라든가 고문과 협박에 의해서 줄 수 없는, 혹은 탈취할 수 없는 신의 한 선물이다.
- 홉스

신앙은 비참한 사람들에게는 위안이며, 행복에 찬 사람들에게는 공포의 적이다.
- L. C. 보브나르크

신앙이란 귀로 보는 것이다.
- T. 플러

여자는 어린애의 요구를 만족시키고, 신앙은 무구한 신(神)의 존재를 구해준다.
- 법구경

가장 어리석은 미신(迷信)의 하나는, 과학자들이 인간은 신앙(信仰) 없이 살 수 있다고 미신하고 있는 그 일이다.
- 톨스토이

바울에 있어서 그리스도교는 사색도 또한 신의 선물로 인정한다는 대범성을 지니지만, 이 대범성을 그리스도교는 버려서는 안 된다. 바울의 그리스도교 가운데 있는 봄날 같은 신선미는 우리들의 그리스도교 가운데서 낡은 것이 되어서는 안 된다.   - 슈바이처

과실이 차츰 커지기 시작하면 꽃잎은 떨어진다. 그와 마찬가지로 당신 마음속에 신의 의식이 성장할 때 당신의 약한 마음은 없어진다.   - 성서

구원의 길은 좌우 어디로도 통해 있지 않다. 오직 자신의 마음에 통해 있다. 거기에만 신이 있고 거기에만 평화가 있다.   - 헤세

'하느님, 하느님' 하고 하느님만 찾는 사람이라고 전부가 천당으로 가는 것은 아니다. 오직 하느님의 뜻을 실행하는 사람만이 천당으로 가는 것이다.   - 성서

행동으로 자기를 보이는 수도 있고, 말로 자기를 알리는 수도 있고, 눈으로 자기를 말할 수도 있다. 하지만 우리는 그 어느 것이라도 믿어야 한다. 의심은 자기를 더럽힐 뿐 아니라, 믿어서 속는 것은 의심해서 초조해 하는 것보다 얼마나 유쾌하고 죄 없는 것인가!   - 법구경

인간은 신과 영원을 믿는 것에 의하여 악에서 선을, 어둠 속에서 빛을 통할 수가 있으며 절망을 희망으로 바꿀 수가 있다.
- 에라스무스

착한 행위를 한 사람들에게 신은 불행을 가져다 주는 경우가 있다. 하지만 신은 그만한 불행을 견디어낼 만한 강한 마음을 가지게 끔 보살펴 준다.
- 만조니

이 땅 위에 신의 나라를 세우는 것 - 이것이 인류의 최후의 목적이며 희망이다. 그리스도는 우리에게 천국을 가깝게 해 주었다. 그러나 사람들은 그를 이해하지 않고 우리들 마음속에 신의 나라를 세운 것이 아니라, 땅 위에 종의 나라를 세운 것이다.
- 칸트

기도는, 낮에는 열쇠, 밤에는 자물쇠가 되어야 한다.   - T. 플러

그들의 신과 그들의 신앙을 나는 믿지 않습니다. 그것은 불행입니다. 그러나 나는 그것을 믿는 사람들을 존경합니다.
- 로망 롤랑

신앙심이 거의 없는 사람이 많은 기도를 한다.   - J. 레이

보통 사람들은 기도하지 않고 구걸할 뿐이다.   - 버나드 쇼

거만한 목사보다도 더 우스꽝스럽고, 더 치사한 동물은 우주 안에는 없다.
- H. 필딩

사회는 재산의 불평등 없이는 존립할 수 없으며, 재산의 불평등은 종교 없이는 존립할 수 없다.
- 나폴레옹

목사란, 미워하기 보다는 욕하기가 더 쉬운, 보다 미묘한 동물 가운데 으뜸 간다.
- 니이체

창문이 닫힌 사원(寺院) 한 구석에서 그대는 누구를 찾고 있는가? 두 눈을 크게 뜨고 그 곳에 신이 없는 것을 잘 보라. 신은 농부가 땅을 일구고 인부가 길을 닦는 곳에 있다.
- 타고르

인간의 참된 신앙이란 휴식을 취하기 위한 것이 아니다. 그것은 오로지 삶에 대한 힘을 얻기 위해서이다.
- 존 러스킨

미신은 미천한 사람들이 받아들일 수 있는 유일한 종교이다.
- 쥬베르

공공기관인 저축 은행이나 공제 금고가 있듯이 신앙은 눈에 보이지 않는 가정의 저축 기관이다. 은행이나 금고의 경우에는 특별한 때 각자가 필요한 금액을 건네받지만 신앙의 경우엔 신자가 남몰래 자신의 이자를 받는 것이다. - 괴테

질병과 슬픔은 왔다가도 가지만, 미신에 사로잡힌 영혼은 평온이 없다. - R. 버튼

미신, 그것이 모든 마음의 평화를 독살하고 파괴한다. - 키케로

무지가 과오보다는 낫다. 그릇된 것을 믿는 사람보다는 아무 것도 믿지 않는 사람이 더 진리에 가깝다. - 제퍼슨

강한 믿음은 강한 사람을 이기고, 강한 사람을 보다 강하게 만든다. - 베저토

사실인즉 우리는 얻지 못하였기에 믿지 않는 것이다. 믿지 않았기에 구하지 않은 것이요, 구하지 않았기에 믿지 못한 것이다. - 법구경

만약 종교가 없었더라면 나는 종교를 만들어낼 필요가 있었을 것이다. 위대한 예술가는 결국 인간 중에 가장 종교적인 인간이다. 위대한 예술가는 자신의 영혼의 소리를 듣는다. 이 이상 더 종교적인 인간을 어디서 발견하겠는가! - 로댕

무엇인가 말해야겠다고 해서 설교하지 말고, 무엇인가 말 할 것이 있으니까 설교하라. - R. 훼이트리

때때로 만찬에 초대를 받고 그것을 결코 거절하지 않는 목사는 곧 경멸이 된다. - 성 제롬

기도를 잊지 말라. 그대가 기도할 때마다 너의 기도 속에는 새로운 느낌과 새로운 의미가 담겨 있을 것이다. 또한 그대에게 생생한 용기를 줄 것이며 그대의 기도가 곧 하나의 교육이라는 사실을 이해하게 될 것이다. - 도스토예프스키

주위는 무서운 암굴이고, 훨훨 불꽃이 타오르는 큰 용광로와 같으며, 더구나 불꽃에는 빛이 없고, 보이는 암흑은 헛되게 재앙의 양상을 띤다. - 밀턴

신앙이 없는 곳에 강한 정신도 있을 수 없다. 외부에 의지하고 싶어하는 정신은 약한 정신이다. - 알랭

사람들은 상상력이 너무 많아서가 아니라, 그들이 무엇인가 가지고 있는 것을 깨닫지 못하기 때문에 미신에 빠지게 된다. - 산타야나

무지와 미신은 언제나 밀접할 뿐만 아니라 수학적일 만큼 상호 관련이 있다. - 쿠퍼

기도란 그것을 통해 우리가 어둠에서 하느님을 보는 거울이다. - 헵벨

순교(殉敎)란 이런 인간들이 좋아하는 거야. 인간이 능력이 없이도 유명해질 수 있는 것은 그것 뿐이니까. - 버나드 쇼

어둠이 전혀 없다면 사람은 타락이 무엇인가를 전혀 모를 것이다. 또 광명이 전혀 없다면 사람은 구원을 전혀 희망하지 않을 것이다. 따라서 신의 그림자가 어느 정도 보였다 안 보였다 하는 것은 우리의 신념에 따라 좌우되는 것이니 우리를 위해 유익한 현상이다. - 파스칼

위대한 설교는 사람이 그 설교자를 숭배하도록 이끈다. 훌륭한 전도는 사람들이 구세주를 찬미하도록 이끈다. - C. G. 피니

기도는 중얼거리고 있건 잠자고 있건 모두 영혼의 성실한 욕망이요, 가슴 속에서 떨고 있는 숨겨진 불꽃의 운동이다.
- J. 몬거머리

신앙도 신이 준 하나의 선물이다. 평화와 사랑을 주는 데서 신앙도 또한 싹트는 것이다.
- 아우구스티누스

가르침 만큼 선(善)을 중시한 것은 없었다.
- 베이컨

있을 수 있는 일만을 믿는다는 것은 신앙이 아니요, 단순한 철학에 지나지 않는다.
- S. 브라운

훌륭한 기도는 타인의 돈지갑 주인이다.
- G. 허버트

자기의 영혼을 기도 속에다 흠뻑 적신 사람들은, 모든 고민을 조용히 견딜 수 있다.
- 밀턴

교회에 나가도 모두가 성인은 아니다.
- 미상

종교는 사랑의 최고 양식이다.
- 파아커

예수가 수난과 박해를 말할 때, 그것은 귀의자들이 예수와 함께 신의 왕국의 출현 앞에 참고 견디지 않으면 안 될 고난을 말한다. 즉 신에게 거역하는 현세에서 신의 왕국을 대망하며 신의 권력을 대표하는 사람들에게 엄습해 오는, 신에게 거역하는 현세 권력의 최후의 습격을 의미하는 것이다. 그러므로 예수는 이 고난이 집중하는 중심이 된다. 예수는 파란이 부딪혀 와서 부서지는 바위인 것이다. 현세의 높은 파란을 모면하고자 하는 자에게는 예수 밖에 더 의지할 것은 없다.
― 슈바이처

그는 하나의 자유로운 신앙을 충실히 지키고 있었다. 모든 종교로부터 자유로운, 모든 당파로부터 자유로운, 모든 조국으로부터 자유로운……
― 로망 롤랑

예수와 진리를 사랑하는 사람은 자기 이상의 영혼으로 승화시킬 수 있다.
― 토마스 아 켐피스

종교는 인류 일반의 강박신경증이다.
― 프로이트

나쁜 성직자들은 마귀를 교회 안으로 끌어 들인다.
― T. 플러

성직자들은 극단적으로는 보통 사람들과 같다. 따라서 성복(聖服)이나 백의(白衣)를 입었다고 해서 더 훌륭해지지도 더 나빠지지도 않는다.
- 체스터필드 경

종교와 종교적인 것과의 사이에는 차이가 있다. - 듀이

당신이 설교하는 것을 스스로 실천하라. - 플라우투스

우리는 왜 종교를 필요로 하고 부처나 신(神)을 믿어야 하는가? 아무 것도 가진 것이 없기 때문에—그러나 우리는 그보다 더 많은 것을 가지고 싶어하기 때문이다. - 법구경

그대가 신앙을 쫓고 있다면 그것이 바로 진리의 탐구를 가로막는 장벽이 된다는 사실을 알아야 한다. - 브하그완

신을 안다는 것과 신을 사랑한다는 것과는 참으로 거리가 매우 멀다. 신의 노여움은 일시적인 것이며, 신의 자비는 영원한 것이다. - 쥬베르

종교는 '희망'과 '공포'를 부모로 하고, '무지(無知)'에 대해서 '불가지(不可知)인 것'의 본질을 설명하는 말. - 비어스

그대가 가지고 있는 참다운 신앙이란 그대의 인생 전부를 사랑하는 것이다.
- 서양 격언

기독교인이란, 토요일에 한 일을 일요일에 회개하고, 월요일에 또 하려는 사람이다.
- T. R. 이바라

기도는 늙은 여인의 게으른 넋두리가 아니다. 적당히 이해되고 활용한다면 그것은 활동의 가장 유력한 도구이다.
- 간디

그 사람의 인격을 숭앙하고 흠모하는 곳에 신앙이 생긴다. 신앙이 있는 곳에서는 나도 모르게 모방이 생기는 법이다.
- 법구경

사람은 원래 심한 고난을 겪은 자를 숭배한다. 내가 자주 여러 번 말한 것이지만 만약 그리스도의 십자가 위의 죽음이 하나의 신화라는 것이 되고 예수가 편하게 노년의 쇠약으로 죽었다고 믿어진다면 그리스도교는 그 신자의 99퍼센트를 상실하게 될 것이다.
- 버나드 쇼

천국의 가치를 알려면, 15분 정도 지옥에 있어 보는 것이 좋다.
- 칼튼

신에게 천국으로 가는 길을 묻지 말라. 신은 가장 어려운 길을 가르쳐 줄 것이다.
- 레크

어떠한 쇠사슬도, 어떠한 외부의 힘도 인간의 마음으로 하여금 믿거나 믿지 않게 하도록 강제(强制)할 수는 없다.
- 카알라일

사람은 빵만으로는 살지 않고, 신앙과 찬양과 동정으로 산다.
- 에머슨

종교는 영혼의 지배력이다. 그것은 생의 희망이요, 안전의 닻이며, 영혼의 구조이다.
- 나폴레옹

신앙은 하나의 영웅적인 힘이다. 그 불꽃은 인간의 횃불을 몇 개 태운 것에 불과하다. 횃불 그 자체도 때때로 흔들리는 것이다.
- 로망 롤랑

종교는, 친구가 없는 자의 친구이다.
- 몬거머리

인간이 종교를 만드는 것이지, 종교가 인간을 만드는 것이 아니다.
- 미키 키요시

인간은 어떻게 보면 하나의 바람에 날리는 낙엽임에 틀림이 없을 것이다. 그러나 어떻게 보면 인간은 하늘에서 빛나는 별과 같은 것이리라. 어떠한 바람도 날릴 수 없고, 어떠한 구름도 지울 수 없으리라. 신앙이란 곧 별과 같은 인간에 대한 확증(確證)의 체득(體得)이 아닌가!
- 법구경

종교가 없다면 교양(敎養)의 조화(調和)가 없고, 따라서 인생의 존엄성도 사라진다.
- 쉬라이엘 바하

종교는 인간을 다듬는 근본이다.
- 페스탈로찌

나는 성서(聖書)를 읽음으로써 계량(計量)할 수 없는 이익을 얻었습니다. 읽어서 이해할 수 있는 데는 그대로 마음에 새기고, 그 밖의 규칙은 신앙으로써 받아들인다면, 당신은 훨씬 좋은 사람이 되어 생활하게 될 것이며, 훨씬 좋은 사람으로서 죽을 수 있을 것입니다.
- 링컨

너는 백 마지기의 좋은 땅을 가지려고 하지 말고, 성서(聖書) 한 권을 네 재산으로 삼으라.
- 링컨의 어머니

🔑 종교(宗敎)는 우리에게 이성(理性)을 준다. 이성(理性)을 떠난 맹목적 신앙은 무의미하다. 이성과 신앙과의 일치·조화가 있어야 한다.
- 워싱턴

🔑 신앙(信仰)은 인간이 그 힘의 유한(有限)을 깨닫고 절대자(絶對者)인 신(神)의 품에 의지하는 것을 의미한다.
- 쉬라이엘 바하

🔑 종교(宗敎)는 자기 내부에서 솟아나는 요구가 아니면 안 된다. 단순한 권유에서 들어가는 것은 무의미하다.
- 쉬라이엘 바하

🔑 머리는 깎았으나 그 마음을 깎지 못하였고, 옷은 물들여 입었으나 그 마음을 물들이지 못했다.
- 인도초(人道草)

part 4

각성(覺醒)과 수양(修養)에 대하여

Analects of the World

아랫사람이 훌륭한 충고를 하면 그것은 윗사람의 자랑 거리가 된다. 그 대신 윗사람이 실수를 하게 되면 그것은 곧 아랫사람의 실수에서 온 것이다.   - 도오루

깨끗한 몸을 가지고 온순하게 사물을 대하면 실수하는 일이 적다.   - 명심보감

마음에 수양을 쌓아서 맑아지면 소탈해지고 번뇌가 없어져서 다른 사람의 사정을 잘 알게 된다. 마누라를 대할 때도 그렇고 영감을 대할 때도 그렇고. 제 감정으로 대하면, 상대방의 말이 잘 들리지 않는다. 그래서 마음이 상했을 때 미운 생각으로 대하면 좋게 말해도 밉고, 나쁘게 말해도 밉다. 그러나 아무런 생각 없이 대하

면 영감이 무엇 때문에 그런 짓을 하는지 금방 알게 되니까 마음을 맞추어 나갈 수 있고 해결할 수 있는 도리가 생긴다. - 청담조사

나는 고통을 느끼면 순교자(殉敎者)와 지옥의 괴로움을 생각하는 것으로서 마음을 가라 앉히고 있다. - 에즈워드

최악의 적은 떠받들고 찬양하는 자이다. - 타키투스

만일 새가 울며 그대에게 불행을 알리면, 이 표상으로 말미암아 불안을 느끼지 말고 곧 스스로 사리(事理)를 분별하여 다음과 같이 판단할 일이다. '나 자신에 대해서 아무 일도 알려서는 안 된다. 다만 이 허망한 육체에 대하여, 그리고 나의 조그마한 재산에 대하여, 또는 나의 명예에 대하여, 그리고 나의 처자에 대하여 알리고 있는 것이다. 그러므로 나에게는 행복만이 예언되게 할 수 있다. 왜냐하면 어떠한 일이 일어나더라도, 그것을 이용하는 것은 나의 힘으로 할 수 있기 때문이다'라고. - 에픽테토스

사람에 따라서는 정다운 사람보다 그리 정답지 않은 사람에게 더 많은 신세를 지는 수가 있다. 정답지 못한 사람은 곧 잘 진실을 말해 주지만, 정다운 사람은 바른 소리를 하지 않기 때문이다.
- 카로

인간들은 정신 수양을 쌓기보다는 부를 획득하기 위해서 천배나 더 많이 노력한다. 그러나 사실은 그 사람이 가지고 있는 부 보다는 그 사람의 정신 수양 여하가 우리들의 행복에 공헌하는 바가 훨씬 많다는 것은 그야말로 완전히 그렇다고 할 만큼 확실한 일이다. — 쇼펜하우어

타인이 나를 칭찬하면 기쁘고, 타인이 나를 험담하면 불쾌한 것이 보통이다. 또 타인의 험담을 들을 때에는 그것이 사실이건 아니건 자기를 돌아볼 필요가 있다. — 동양 격언

쓸데없는 일거리, 무대 위의 광언(狂言), 양의 무리, 소와 말의 무리, 창술(槍術)의 연습, 강아지에게 던진 뼈다귀, 연못의 물고기에 던진 빵, 무거운 짐을 나르는 개미의 노동, 혼이 난 생쥐의 줄달음, 실에 조종되는 인형—이러한 것들 속에서, 즐거운 얼굴을 하고, 거만한 태도를 보이지 않는 것이 그대의 의무일 것이다. 하지만 모든 사람은, 각자가 얻으려고 노력하는 사물에 그만큼의 가치가 있다는 것을 깨달아야 한다. — 아우렐리우스

어떤 사람이 만약 아무에게나 그대의 육신을 좌우하는 힘을 부여한다면, 그대는 틀림없이 분개할 것이다. 그런데 그대는 사람들과 싸움을 하여, 그 때문에 그가 그대의 마음을 산란케하고 불안에 빠지게 할 정도로, 그대의 마음을 지배할 수 있는 힘을 그 사람에게 주는 것을 부끄럽게 생각하지 않는가? — 에픽테토스

사람들을 대함에 있어 너무 지나치게 엄격한 행동을 하지 말고 좀 더 너그럽고 부드러운 말씨로 관대하게 하는 것이 복을 받는 일이다. 따라서 남을 이롭게 함은 자기를 이롭게 하는 근본이 되는 것이다. 이것이 행복의 기초이다.   - 채근담

당신은 어떤 사람을 신용하느냐고 물어오면, 나는 스스로 타인을 신용할 줄 아는 사람을 신용한다고 말할 것이다.

                                              - 리카아도

부유한 자로부터 경멸을 받고도 견디어 낸다는 것은 쉬운 일이다. 그러나 빈궁한 자(者)의 모습은 나의 마음을 깊이 꿰 뚫는다.

                                              - 지이드

나무에 가위질을 하는 것은 나무를 사랑하기 때문이다. 부모에게 꾸중을 듣지 않으면 똑똑한 아이는 될 수 없다. 겨울 추위가 한창 심한 해에는, 봄의 푸른 잎이 한층 푸르다. 사람도 역경(逆境)에 단련된 후에야 비로소 제 값을 한다.   - 프랭클린

자기를 위해서 한 일이 곧 남을 위한 의로운 행동이 된다는 것은, 우리는 남을 지배할 수 있는 능력을 얻기 전에 먼저 자기를 다스리기를 배우지 않으면 안 된다는 수양 원리의 전개일 것이다. 그러므로 진실한 도덕적 수양은 언제나 자기의 내부에서 오는 것이다.   - 법구경

깨달은 사람일수록 그 마음속은 아무런 일도 없어 잔잔하다. 모든 일을 '나'로부터 시작하지 말라. '나'라는 것이 앞서니까 밤에 잠이 오지 않고, 생각이 많고, 때로는 이치도 자기에게 이롭도록 휘어잡으려고 한다.
— 홍자성

우리를 미워하는 사람에 대하여 조금도 해를 가하지 않으면, 우리가 다른 사람의 눈에 비겁하게 보일 것이라고 생각하는 것은 가장 어리석고 지각없는 사람의 소행이다. 우리는 타인(他人)에게 해를 끼칠 능력이 없기 때문에 경멸을 당한다고 말할 것이 아니라 선을 행할 능력이 없기 때문에 경멸을 당한다고 말해야 할 것이다.
— 에픽테토스

매일 이기기만 하면, 과식한 것과 같이 몸에 해는 될지언정 악은 되지 않는다. 당신도 이것을 잊지 말라.
— 대망경세어록

정열은 강이나 바다와 같다. 얕은 것은 말이 많고, 깊은 것은 말이 없다.
— 롤리

만약 그대의 수양에 각성이 없다면 그대의 수양은 강제적이 될 것이다. 그것은 일종의 폭력이다. 그대는 그대 자신을 강간하게 될 것이다. 그대의 수양은 결코 그대를 자유롭게 하지 못할 것이다.
— 브하그완

많이 가진 사람은 많이 잃게 되느니 따라서 부자는 가난한 사람의 걱정 없음만 못함을 알 수 있을 것이요, 높이 걷는 자는 빨리 넘어지느니, 귀한 사람은 천한 사람의 언제나 편안함만 못함을 알 수 있으리라.   - 채근담

세상에 존재하는 사물 중에서, 어떤 것은 우리 자신의 힘으로 지배할 수 있고, 어떤 것은 도저히 지배할 수가 없다. 우리의 힘으로 지배할 수 있는 것 속에는 우리의 의지, 노력, 욕구, 혐기(嫌忌) 등이 속해 있다. 즉 그것은 우리 자신의 힘으로 지배할 수 없는 것은 육체, 재산, 명예, 권력 등 우리 자신의 소산이 아닌 모든 것이다. 우리의 힘으로 지배할 수 있는 것은 그 본질상 자유이며, 훼방을 받거나 손상을 입는 일이 없다. 그러나 우리 힘으로 지배할 수 없는 것은, 힘이 약하고 노예적이며, 외부의 지배를 받고, 다른 사람의 손에 있는 것이다.   - 에픽테토스

남보다 뛰어나려면 아직 남이 손대지 않은 일을 시작하라. 그러나 그러한 일을 하루아침에 조급히 이루려고 해서는 안 된다. 차분하게 자신을 닦고 수양을 쌓은 다음에야 되는 것이다.   - 동양 격언

군자는 마음의 수양이 되어 언제나 그 마음이 넓고, 드넓은 하늘과 같아 온화한 분위기가 나지만, 소인은 마음의 수양이 되지 않아서 언제나 마음이 안정되지 않아 초조해 한다.   - 논어

나의 평생 과제는 오로지 이 마음의 수련에 두고 있다 해도 과언이
아니다. - 청담조사

그대로 하여금 억지로 약속을 저버리게 하여 그대의 자존심을 잃게 하고, 타인을 증오하게 하고, 시기하게 하고, 저주하게 하며, 위선을 행하게 하고, 장벽이나 현막을 요하는 것을 바라게 하는 것을 모두 그대에게 유리하다고 판단해서는 안 된다. 왜냐하면, 어느 무엇보다도 자기의 지혜와 수호신과 그 우월성의 숭배를 택하는 사람은 비극을 연출하지 않고, 신음하지 않으며, 고독도 많은 친구도 필요로 하지 않고, 특히 그는 죽음을 추구하거나, 또는 기피하는 일이 없이 생활하며, 자기의 영혼을 육체 속에 간직하고 있는 기간이 길건 짧건, 일체 개의치 않는다. 비록 지금 당장 죽는다 하더라도, 그는 태연스럽게 행할 수 있는 일상적인 일을 하는 것처럼, 유유히 이를 맞이하며, 생애를 통하여 염려하는 것은, 오직 자기의 사상이 지혜 있는 동물로서, 그리고 문명사회의 일원으로서의 본분에 위배되지 않는 일 뿐이다. - 아우렐리우스

원래 가난하고 천할 때는 가난하고 천한 그대로 행하고, 어려움을 당할 때는 어려운 그대로 행하면 근심이 없다. - 중용

🔑 들은 이야기라 해서 다할 것이 아니다. 눈으로 본 일이라 해서 본 것을 다 말할 것도 아니다. 사람은 그 자신의 귀와 눈과 입으로 인해 자기 자신을 거칠게 만들고 나아가서는 궁지에 빠지고 만다. 현명한 사람은 남의 욕설이나 비평에 귀를 기울이지 않으며, 또 남의 단점을 보려고도 하지 않는다.
- 채근담

🔑 사람은 누구나 헌 것보다 새 것을 좋아한다. 그래서 무엇이든 가지고 싶어 한다. 그러나 당신은 가지고 싶은 것을 사지말고 꼭 필요한 것만을 사면 반드시 나중에 후회되는 일이 없으리라. - 칸트

🔑 먹고, 마시고, 자고, 생식하고, 안일과 탐욕을 부리는 사람들의 모습이 어떠한가를 생각해 보라. 다음에 높은 지위에 앉았다고 해서, 횡포해지고, 거만해지고, 또는 격노하여 욕설을 퍼붓는 그들이 어떤 종류의 인간인가를 생각해 보라. 하지만 얼마 전까지만 하더라도 그들은 얼마나 많은 것에 예속되어 있었으며, 또 어떤 목적을 위해 예속되어 있었으며, 그리고 얼마 못가서 그들은 어떤 상태에 이르는가를 생각해 보라.
- 아우렐리우스

🔑 마음의 만족을 얻고자 하거든 엄격하게 자기를 극복하는 기술을 배우라. 지위도 재산도 인간을 만족시키지는 않는다. - 겔레루프

🔑 남을 책하는 사람은 끝내 사귀지 못할 것이요, 자기를 용서하는 사람은 허물을 고치지 못하느니라.　　　　　　　　　- 명심보감

🔑 누구나 자기 자신을 가장 사랑하고 있음에도 불구하고 자기 의견보다는 다른 사람의 의견에 도사(道士)가 찾아와서, 마음 속에 떠오르자마자 곧 외부로 들어 내고 싶지 않은 것은, 하나도 생각하지 말고, 계획하지도 말라고 명령하더라도, 인간은 단 하루라도 그것을 견디지 못할 것이다. 우리는 자기 스스로 생각하는 일보다, 자기에 대하여 다른 사람이 생각하리라고 추측되는 것을 더욱 존중한다.
　　　　　　　　　　　　　　　　　　　　- 아우렐리우스

🔑 기쁨을 느끼는 사람은 많지만 자신의 몸이나 마음을 가꾸는 일에 기쁨을 가지는 사람은 극히 드물다.　　- 청담조사

🔑 수양은 왜 필요한가? 그대가 만약 깨어 있다면 그 각성만으로도 충분할 것이다.　　　　　　　　　　　　　- 브하그완

🔑 널리 들어 기억하고 도(道)를 사랑하기만 한다면 도를 반드시 얻기 어려울 것이요, 뜻을 지켜 도를 받들면 그 도는 반드시 클 것이다.　　　　　　　　　　　　　　　　　　　- 법구경

모든 일에 있어서 그대는 자기의 내부를 탐구하고, 이 일에 대항할 수 있는 어떤 힘을 가지고 있는가를 생각해 보아야 한다. 미인을 만나면 그대는 이에 대항하는 힘으로서, 자기 마음속에 자제력이 있음을 발견하게 될 것이다. 귀찮은 일이 생기면 그대는 불굴(不屈)의 힘을, 수치를 당하면 인내를 그대 안에서 발견하게 될 것이다. 그대가 이와 같이 습관을 붙이면 여러 가지 표상에 의해 마음을 괴롭히는 일이 없을 것이다.

- 에픽테토스

기분과는 반대로 게으름 피우고 있는 자, 그는 마음속으로는 열망에 불타고 있으면서 고통스런 생활을 하고 있으면 아무것도 되지 않기 때문에, 자신은 조롱 속에 유폐된 것이라고 생각하는 까닭에 자신에게 힘이 없다고 생각한다. 게으름뱅이 일지라도 나는 무엇인가에 소용되리라고 본능적으로 느끼고 있는 것이다. 아무튼 나에겐 살아있는 이유가 있을 것이다.

- 반 고흐

이 마음자리에는 끝내 아무 법칙이 없으며, 따라서 이 마음은 깨닫는 법조차도 일정한 법을 말할 수 없다. 이 마음이 본래부터 평등하여지면 모든 망동이 다 쉬는 것이다.

- 청담조사

당신이 사람을 차면 그도 당신을 되 찬다. 따라서 너무 열렬히 불의와 싸워서는 안 된다.
- B. 브레히트

젊었을 때 나는 무엇이든지 아는 체하고 싶었다. 그래서 흔히 성가신 일을 일으켜 추태를 벌였다. 그러나 그 후 깨달은 것 중에서 가장 유익했던 것은 '모릅니다'라는 말이 얼마나 쉬운가 하는 것이다. 사실 그 때문에 나쁘게 생각된 일은 한 번도 없다.
- 서머세트 모옴

우주의 보편적인 실체를 생각해 보라. 그대는 그 매우 작은 한 부분을 소유하고 있는 것이다. 그리고 우주의 영원한 시간을 생각해 보라. 그 중에서 짧은 최소 미분(最小微分)의 한때가 그대에게 배당되어 있는 것이다. 그리고 운명에 의해 결정된 것을 생각해 보라. 그대는 얼마나 작은 한 부분인가!
- 아우렐리우스

저녁을, 하루가 거기서 죽어간다고 생각하고 바라보며, 아침을, 모든 것이 거기서 태어난다고 생각하고 바라 보아라. 그대의 시각(視覺)이 한 순간마다 새로워지는 것처럼, 현명한 사람이란 모든 것에 경탄하는 사람을 말한다.
- 지이드

그대를 욕하거나 때리는 사람이 그대를 푸대접하는 것이 아니라, 이것을 치욕으로 생각하는 그대의 생각이 그대를 괴롭히는 것이다. 그러므로 누가 그대를 노엽게 하더라도 그것은 상대방이 그렇게 하는 것이 아니라, 그대 자신의 생각이 그대를 노엽게 하는 것이다. 그러므로 먼저 어떤 일이 일어나는 순간에, 자기의 생각에 이끌리지 않도록 노력하라. 나중에 그대가 곰곰이 생각할 여유를 가지게 되면, 그대는 자기를 통제할 수 있을 것이다.   - 에픽테토스

인간의 수행이란 처음은 있으나 끝은 없는 것이다. 그것은 지상(至上)의 도, 무한의 도를 체득한 사람은 자유인 것이다. 거기에는 법칙에의 수순이 아니요, 창조적 진화(進化)가 있을 뿐이다.   - 법구경

그대가 할 일은 그대가 찾아서 해라. 그렇지 않으면 그대가 해야 할 일은 끝까지 그대를 찾아다닐 것이다.   - 버나드 쇼

어떠한 것도 바라지 않는 사람은 이 세상 전부를 얻을 것이며, 자기를 잃어버리는 사람은 전 우주가 자기 것이 된다.   - 아놀드

목적한 바가 까마득하면 더욱 앞으로 전진하는 자세가 필요하다. 서둘지는 말라! 그러나 쉬지도 말라.   - 다드지이니

말을 앞세우고 달콤하게 하는 사람은 덕을 어지럽히기 쉬운 사람이요, 얼굴에 지나친 애교와 너무 다정한 웃음을 띄우는 사람은 믿음직 하지가 못하다.   - 논어(論語)

사람이 흥분하면 모든 것이 제대로 보이지 않는다. 그러므로 분한 일이 있으면 한층 마음을 가라앉혀야 한다. 또한 사람이 흥분하면 모든 것이 제대로 들리지 않는 법이다. 그러므로 불쾌한 소리를 들었을 때는 한 귀로 흘려 버려야 한다.   - 채근담(菜根譚)

삶에는 수양과 각성이 함께 필요하다. 수양은 그대를 올바른 길로 들어설 수 있도록 인도해 주며, 각성은 그대가 새로운 것(진리)을 찾을 수 있도록 눈뜸을 가져다준다. 만약 그대가 수양이나 각성 중에 어느 것 하나 만으로도 충분하다고 생각한다면 그대는 논리적인 사람이 된다. 논리적으로는 어느 것이라도 가능하지 않은 것이 없을 것 같다. 그러나 삶은 비논리적인 것이다. 삶은 논리와는 아무런 관계가 없다. 그대가 만약 수양을 쌓지 않은 각성만을 생각한다면 그대의 삶에는 어떠한 변화도 일어나지 않을 것이다.   - 브하그완

part 5

번민(煩悶)과
두려움에 대하여

Analects of the World

애가 타면 이 마음만 괴로울 뿐인데, 나는 무엇 때문에 너니 나니 하는고? 천지만물과 더불어 이 마음이 본래부터 한 덩어리인데 절대한 자유 만능의 원 면목을 알고자 하거든 다만 저 만물을 미워하지도 좋아하지도 말 것이니라. - 청담조사

고통이란 어쩌면 깊은 동정을 갖게 할 뿐만 아니라, 그 고통에 견디는 사람에게 높은 존경을 갖게 하고 자칫하다간 그를 모욕하게 될지도 모른다는 두려움조차 갖게 한다. - 톨스토이

하고 싶은 것을 하지 못하는 괴로움, 하기 싫은 것을 해야하는 괴로움, 그러나 '하고 싶다'는 것과 '하기 싫다'는 것은 모두 '나'를 버리지 못한 고뇌인 것이다. - 법구경

얼마만큼 깊이 고뇌할 수 있는가가 대부분 인간의 위계(位階)를 결정짓는다.
— 니이체

깊은 상처를 받은 자들은 올림포스의 웃음, 그리스 신들의 웃음을 가진다.
— 니이체

그대에게 끊임없이 침범하고 있는 번뇌를 쫓는 길은 오직 어느 한 가지에만 골몰하는 일이다
— 브하그완

우리의 생활에는 너무나 빈틈이 많다. 그렇기 때문에 언제나 바람과 티끌의 시달림을 받고 있다.
— 법구경

우리들은 중상, 위선, 배반에 격분한다. 왜냐하면, 그것들이 진실하지 않은 것 때문이 아니라 우리들을 상처입히기 때문이다.
— 러스킨

인간은 고통을 가장 좋지 않게 생각한다. 그런데, 고통은 어떤 의미에서 가장 좋은 것을 받았다고 할 수 있다. 이것은 고통이야말로 사람을 참된 행복으로 인도해 주는 매개 역할을 하기 때문이다. 인간은 고통을 이겨내야만 행복을 찾을 수 있다.
— 파스칼

'이렇게 할 것을'하고 후회하는 것은 인간이 할 수 있는 최악의 생각이다.
― 리텐베르그

그대들이 체험할 수 있는 가장 위대한 것은 무엇일까. 그것은 커다란 경멸의 때인 것이다. 그대들의 행복도 구토가 되고 그대들의 이성과 덕성도 구토가 될 때도 있다.
― 니이체

바짝 여윈 개는 언제나 먹이를 찾아 순간의 삶을 노리고 다닌다. 내일을 모르고 미래를 계산하지 않고 때로는 번뇌로 인해서 어두운 그림자마저 지닌다.
― 대망경세어록

올바른 자는 괴로움이 많다.
― 구약성서

사람은 고통을 통하여 자기를 잊어버리는 길을 걷는다. 사색을 함으로써, 온갖 물질에 대한 본능을 없앰으로써 자기를 던지는 길을 걷는다.
― 헤세

고뇌는 이 세상에 있어서만의 고뇌다. 그렇다고는 하나 이 세상에서 고뇌하는 자가 어딘가 다른 곳에서 이 고뇌 때문에 높아진다든가 하는 의미는 아니다. 이 세상에서 고뇌라고 불리는 것이 다른 세계에서는 형태는 그대로지만 다만 그 반대 물질로부터 해방 되어서 행복으로 되는 것이다. ― 카프카

나는, 천대받고 거부당한 이 작품, 수많은 사람들이 남긴 찌꺼기를 내 자신의 보잘 것 없는 짐 위에 올려놓으리라, 그리하여 그것을 대도시가 아닌 가난한 마을마다 배달하고, 그리고 자신이 제공한 것에 사용한 사례를 받으며 걸어다니리라.
- 다 빈치

커다란 고난의 단련을 그대들은 모르는가. 지금까지 오직 이 단련만이 인간의 모든 것을 쌓아 올렸다는 것을. 이성을 위해서 강하게 만들어주는 저 불행 속의 영혼의 긴장, 커다란 파멸을 목격할 때의 억센 전율, 불행을 이겨내서 불행의 의미를 깨닫고 복으로 옮겨지는 저 억센 발명과 용감, 또는 비겁하리만큼 위대한 영혼에 보내진 깊이, 비밀, 속임수, 정신, 교활, 위대—이러한 것이 단지 커다란 고난의 교육에 의해서 영혼에 보내지는 것이 아닐까.
- 니이체

역경이 주는 것이야말로 아름답구나. 그것은 두꺼비를 닮아, 보기 흉하고 독을 품고 있지만 그 머리 속에는 아름다운 보석을 지니고 있다.
- 셰익스피어

두려움은 언제나 다른 어떤 것과 관련이 있다. 두려움은 그 자체로서는 존재할 수가 없다.
- 브하그완

인간에게 있어서 고뇌에 복종하는 것은 치욕이 아니다. 오히려 쾌락에 복종하는 것이야말로 치욕이다. － 파스칼

유혹에 대한 적당한 방어법은 여러 가지가 있지만 무엇보다도 확실한 방법은 언제나 겁내는 일이다. － 마크 트웨인

고통이 크면 클수록 그 고통을 이겨 내는 명예는 더욱 크다. － 몰리에르

불안과 육체적 고통이 어떤 것인가를 자기가 직접 경험한 사람들은 세계 어디에 있든 연관을 지니고 있다. 하나의 신비로운 유대가 이 사람들을 결부시키고 있는 것이다. 그들은 함께 고통으로부터 탈출하고자 하는 동경을 안고 있는 것이다. － 슈바이처

이 인생의 기쁨은 이 인생의 것이 아니라 보다 높은 인생에의 비약에 대한 우리의 불안이다. 이 인생의 고뇌는 이 인생의 것이 아니라 그 불안 때문에 오는 우리의 자학(自虐)이다. － 카프카

우울이란 인간이 자기 자신의 생활이나 이 세상 모든 생활 속에 그 의의를 발견하지 못했을 때 생기는 마음의 상태이다. － 서양 격언

아무리 훌륭한 일이나 아무리 완전한 일을 행했다고 할지라도 그 사람의 괴로움, 그리고 번민을 이해하려는 마음에 그것들이 미칠 수는 없다. - 디즈니

사람들 틈에서 살고 있는 이상 비록 남이 천하고 불쌍하게 여길 만큼 어려운 처지에 놓였다 할지라도, 그 괴로움을 천명이라고 생각하는 사람은 행복한 사람이다. - 탈무드

힘을 내라! 힘을 내면 약한 것이 강해지고 빈약한 것이 풍부해질 수 있다. - 뉴우턴

마음이 어둡고 산란할 때엔 가다듬을 줄 알아야 하고, 마음이 긴장하고 딱딱할 때는 풀어 버릴 줄 알아야 한다. 그렇지 못하면 어두운 마음을 고칠지라도 흔들리는 마음에 다시 병들기 쉽다. - 채근담

고통에는 한계가 있지만 공포에는 한계가 없다. - 푸리뉴스

남들과 같은 고통을 지니고 있다는 것을 알면 마음의 상처는 낫지 않는다 해도 마음이 편해지기는 한다. - 셰익스피어

얼음같이 차갑게 살자. 그렇지 않으면 불같이 살자. 이 세상을 모두 미워할 수 있었으면, 그렇지 않으면 모두 사랑할 수 있었으면……
이도 저도 아닌 곳에 번뇌가 스며든다.
― 법구경

쾌락은 타인의 고통을 댓가로 했을 때에 가장 감미롭다.
― 오비디우스

자연적인 마음은 언제나 침울해지고 고뇌에 빠지도록 되어있다.
― 헤겔

공포는 늘 무지에서 생긴다.
― 에머슨

아무리 기쁜 일만 일어나는 사람이라도 그 반면에 반드시 근심이 있는 법이다. 이와 반대로 가난할지라도 아껴 쓰면 곤란을 면할 수 있으며, 병에 걸렸을지라도 음식을 잘 들면 건강을 회복할 수 있는 것과 같이 어떠한 괴로움일지라도 그 뒤에는 기쁨이 따르지 않는 일이 없으니, 지각있는 사람은 어려운 일에 실망하지 않고 행운에 도취되지 않는다.
― 채근담

그렇다, 나는 화를 내야만 한다. 일생에 한 번 진짜 노여움을 폭발시켜야 할 때이다. 노할 때는 천둥, 번개가 치듯 화를 내라.
― 대망경세어록

오늘 나는 모든 괴로움에서 벗어났다. 아니 오히려 내가 모든 괴로움을 던져 버렸다고 해야 할 것이다. 왜냐하면 그것은 내 마음 밖에 있는 것이 아니라, 내 마음 안에 특히 내 판단 속에 있기 때문이다.
- 아우렐리우스

나는 나 자신의 생애에서 가장 괴롭고 고통스러웠던 세월에 대하여 다른 어떤 시기보다도 깊은 패배감을 가지고 있지나 않는가 하고 몇 번이고 나 자신에게 물어 왔다.
- 니이체

사람이 쇠를 단련할 때에 못쓸 쇠붙이를 버린 뒤에 그릇을 만들면 그 그릇이 바르고 좋은 것과 같이 도를 배우는 사람도 마음의 더러움을 버린 후에야 그 행실이 맑고 깨끗할 것이다.
- 법구경

고통이 남기고 간 뒷맛을 보라! 고난이 지나가고 나면 반드시 단맛이 깃든다.
- 괴테

고난과 눈물이 나를 높은 예지로 이끌었다. 보복과 즐거움은 이것을 만들지 못했다.
- 페스탈로찌

괴로울 때는 나보다 더 불행한 사람이 있다는 것을 생각한다.
- 브하 그완

위대한 사상은 반드시 커다란 고통이라는 밭을 갈아서 이루어진다. 갈지 않고 그냥 둔 밭에서는 잡초만이 무성할 뿐이다. 사람도 고통을 겪지 않고서는 언제까지나 평범하고 천박함을 벗어나지 못한다. 모든 고통은 차라리 인생의 벗이다.   - 힐티

두려워하는 습관이 있는 것은 좋지 않다. 공포의식(恐怖意識)은 무릇 인간의 여러 감정(感情) 가운데서도 가장 불유쾌한 것이다. 뿐만 아니라 매우 쓸데없는 것이다. 두려워한다고 그 두려운 일을 막을 수 있는 것도 아니며, 오히려 그에 대항하는 힘을 먼저 소모시킬 뿐인 것이다.   - 힐티

인간 생활의 모든 고난을 오랜 세월을 두고 참아간다든지, 또 그러한 고난을 미리 막으려고 애를 쓰는 일은 참으로 현명한 일이다. 따라서 우리들은 늙기 전부터 언제나 '노년기에 처해 있으면 좋겠다.'라는 생각을 갖는 것이 좋을 것이다.   - 몽테뉴

고통은 인간의 위대한 교사이다. 고통의 숨결 속에서 영혼은 발육한다   - 바하

커다란 고통이야말로 정신의 마지막 해방자이다. 이 고통만이 우리를 꼼짝 못하게 하여, 우리를 마지막 심연으로 도달하게 한다.
    - 니이체

고통을 당할 때마다 이렇게 생각해야 한다. 즉 이것은 불명예가 아니다. 또 자기의 지배적인 영지를 나쁘게 하지도 않는다고. 그것은 영지가 합리적이고 사회적인 한 결코 손상시키지 못하기 때문이다.
- 아우렐리우스

고통의 감각을 괴로워하지 말라! 고통과 고뇌는 우리의 육체를 유지하는데 없어서는 안될 조건이다. - 톨스토이

세상이 야속하다 하지 말고 세상에서 없어서는 안될 사람이 되라! 세상이 그대를 찾는 사람이 되라! - 에머슨

악이 우리에게 선을 인식시키듯이 고통은 우리에게 기쁨을 느끼게 한다. - 클라이스트

진정 우리가 미워해야 할 사람이 이 세상에 많은 것이 아니다. 원수는 상대에 있는 것이 아니라 내 마음 속에 있을 때가 많다. - 알랑

참을 수 없는 고통은 우리를 무척이나 괴롭힌다. 하지만 오랫동안 계속되는 고통은 참을 수 있다. 그리하여 마음은 그 자신 속에 머물러, 상처를 받게 되는 사람들은 만일 가능하다면 그 고통에 대해서 각자의 의견을 나타내는 것이 좋다.
- 아우렐리우스

연속적인 공포 속에서 사느니, 차라리 죽어버리는 것이 더 낫다.
- 아이소프스

마음을 조이며 사는 것은 불행한 일이다. 그것은 거미의 생활이다.
- 스위프트

그대가 어떤 외부적인 사물에 의해 고통을 당한다면, 그대를 괴롭히는 것은 그 사물이 아니라, 그 괴롭히는데 대한 그대의 권한에 속해 있다. 하지만, 만약 그대 자신의 성질 속에 깃들어 있는 어떤 것이 그대에게 고통을 준다면, 그대의 의견을 수정하는데 누가 방해를 하겠는가? 그리고 만일 그대가 옳다고 생각되는 어떤 일을 스스로 행하지 않기 때문에 고통을 당한다면, 그대는 투덜거리기 전에 어찌하여 그것을 행하지 않는가.— 어떤 극복하기 어려운 장애가 거기 있다고 말하는가. 그렇다면 한탄할 것이 못된다. 왜냐하면 그것을 행하지 않는 이유가 그대 자신에게 있기 때문이다. 그러나 만일 그것을 행할 수 없다면 살아갈 보람을 느끼지 못한다고 할 것인가? 그렇다면 기꺼이 삶을 버릴 일이다. 마치 충분한 활동을 가지고, 또 장애가 될 사물도 기꺼이 받아들이면서 죽어가는 사람처럼.
- 아우렐리우스

폭풍 뒤에는 평온이 온다.
- 대브난트 경

고통을 잊어버리는 것이 그것을 치료하는 길이다.
- 푸블릴리우스 시루스

숨쉬는 자는 고통이 있고, 생각하는 자는 비통이 있고, 태어나지 아니한 자만이 복이 있다. - 프라이어

그대에게 고통을 주는 것처럼 보이는 것에 대한 그대의 견해를 버리면 그대는 마음의 안정을 누릴 수 있을 것이다. ― 이 자아(自我)란 도대체 무엇인가? ― 이성이다. 그러나 나는 이성이 아니다. ― 혹은 그럴지도 모른다. 그렇다면 이성으로 하여금 이성을 번민하게 하여서는 안 된다. 그러나 그대의 다른 부분이 괴로움을 당한다면, 그것에 대해서는 멋대로의 견해를 갖도록 둘 일이다.
- 아우렐리우스

망상(妄想)은 버리려고 할수록 더 일어나는 것이며, 텅빈 지경을 지키고자 하는 까닭은 내가 빈 것과 상대하고 있는 것이니 거기에 팔려 있는 것이다.
- 첨담조사

나의 비정한 청각은 마치 유령처럼 어디에건 따라 다닌다. 나는 모든 사람과의 교제를 회피했다 그 때문에 나는 인간 혐오자처럼 남들에게 보였다. 그러나 진정한 나는 그런 인간이 아니다.
- 베토벤

고통은 어떤 사상보다 깊고, 웃음은 어떠한 고통보다 고귀하다.
- 엘버트 하버트

괴로움이 성격을 고결하게 만든다는 것은 거짓말이다. 행복은 경우에 따라서는 그렇게 하지만, 괴로움은 대개 인간을 심약하게 하고, 집념(執念)을 강하게 만든다. - 모옴

그대는 얼마 되지 않아서 죽을 것이다. 그럼에도 불구하고 그대는 아직까지도 단순해지지 않고 번뇌에서 벗어나지 못했으며, 그리고 외계의 사물에 침해되는, 즉 남을 시기하고 의심하는 것을 버리지 못하고 있다.
- 아우렐리우스

공포에 의지하는 것이 신뢰에 의지하는 것보다 안전하다.
- 쇼펜하우어

번민 속에 있어서 번민이 없는 까닭으로 내 생(生)은 이미 편안하여라. 모든 사람이 번민하는 속에서 나 혼자만이라도 번민없이 살아가자.
- 법구경

모두가 아닌 곳에 모두가 될 수 있다. 그러나 모두가 될 수 있는 곳에 하나도 될 수 없는 내 자신이 아닌가? 결국, 하나도 아닌 곳에 자신의 번뇌가 있는 것이다.
- 법구경

고난의 시기에 동요하지 않는 것, 이것은 참으로 칭찬해야 할 탁월한 인물이라는 증거이다.
― 베토벤

생사의 길을 이미 지나고, 끊어야 할 걱정을 일체 떠나서 모든 얽매임에서 벗어난 사람에겐 괴로움도 번뇌도 있을 수 없다.
― 법구경

절망 속에도 타는 듯한 강렬한 쾌감이 있는 법이다. 더구나 자신의 진퇴가 지극히 어려운 비참한 경우를 통절히 의식할 때는 더욱 그렇다.
― 도스토예프스키

지극히 평범한 조사가 표시하는 바에 의하면 인간의 행복에 대한 두 가지 적은 고통과 권태라고 한다.
― 쇼펜하우어

우리는 망상과 망각에 사로잡혀 있기 때문에 하루 밥 세 끼 먹기 위해서 서로 경쟁을 하며, 애써 다투어가면서 살아간다. 머릿속과 마음이 헝클어지고, 언제나 몸뚱이에 마음이 집착해 가지고 너니 나니 따지면서 괴로워한다. 그러나 마음을 깨쳐서 생사에 얽매이지 않고 날이 덥거나 춥거나 상관하지 않을 만큼 되어야 한다. 그래야만 비로소 우리는 마음을 안심 할 수 있다.
― 대망경세어록

고통을 느낄 때는 순교자(殉敎者)의 고뇌와, 지옥의 고통을 생각하면 해결된다.
― 에드워드 조나단

고통과 괴로움은 위대한 자각(自覺)과, 깊은 심성의 소유자에게는 항상 필연적인 것이다. － 도스토예프스키

사람의 마음속에 망상(妄想)과 번뇌가 가득한 것은 물욕(物慾)으로 인한 것이다. 만일 마음속에 물욕을 가지고 있지 않다면, 그 마음은 마치 가을 하늘과 같고, 날씨 좋은 날의 바다와 같다. － 채근담

마음을 수양하는 데는 욕심을 적게 하는 것보다 더 좋은 방법은 없는 것이다. － 맹자

당신들에게 기억해 달라는 것이 하나 있다. 다름이 아니라 이 세상에서 레오 톨스토이라는 인간 이외에 얼마만큼의 사람이 괴로워하고 번민하고 있을런지 모른다는 것을.
－ 톨스토이

인생이란 큰 비가 쏟아지는 광야를 걸어가는 어려운 여행과도 같은 것이다. 달려 보아도, 허둥거려 보아도 비(苦)에 젖지 않을 수는 없는 것이다. 먼저, 젖기를 각오하라. 그리하여 비를 맞으며 유유히 걸어가라. 젖기는 똑같지만 고뇌는 보다 적을 것이다. － 법구경

진지한 피, 정직한 눈물은 누구를 의식하거나 두려워하지 않는다.
- 법구경

나는 무엇에 가장 괴로워 해 왔던가. 아마도 내 모든 사고를 발전시키고—자신의 내면 극한에까지 이르려고 하는 습관이었다.
- 발레리

크나큰 고통이야말로 정신의 마지막 해방자다. 이 고통만이 우리들을 꼼짝 할 수 없이 우리들을 최후의 깊이로 인도해간다. - 니이체

고통을 피하고 즐거움을 찾는 것이 인간의 본성이 아니다. 즐거움을 피하고 고통을 찾는 것이 인간의 본질이다. 우울의 얼마나 달콤한 유혹인고? 슬픔의 얼마나 아름다운 애착인고? 아아, 얼마나 뿌리 깊은 인간의 감상성(感傷性) 인고?
- 법구경

술 취한 사람이 졸다가 잠꼬대를 하는 식으로 번뇌, 망상, 탐욕에 살지 말라.
- 청담조사

누구나 타인의 고통은 견디기 쉬운 법이다.   - 셰익스피어

그대의 생활 전반에 걸쳐서 마음을 번거롭게 해서는 안 된다. 그대의 신변에 닥쳐올지도 모른다고 스스로 예기하는 여러 가지 노고를 한꺼번에 생각해서는 안 된다. 다만 모든 일에 당면할 때마다 이렇게 자문해야 한다. 이 일처럼 참기 어렵고 힘에 겨운 점이 있는가, 이렇게 하면 노고는 스스로 수치를 느끼게 될 것이다. 다음에 미래도 과거도 그대를 괴롭히지 않으며, 다만 현재만이 그대를 괴롭힌다는 사실을 기억하라. 그러나 이것은 만약 그대가 거기에 한계를 두기만 하면, 극히 사소한 일이 되어 버린다―. 이것까지도 참을 수 없다면, 그대 자신을 꾸짖을 일이다.
― 아우렐리우스

고통은 육체에 있어서 해로운가? 그렇다면, 육체로 하여금, 그 생각하는 바를 말하게 하라. ―혹은 고통은 심령에게 해로운가? 그러나 심령이 그 자신의 안정과 평온을 지나고 고통을 해악이라고 생각하지 않는 것은, 심령의 권한에 속해 있다. 왜냐하면, 모든 판단과 운동과 욕망 및 혐오는 마음속에서 일어나며, 그 해악은 그다지 많지 않기 때문이다.
― 아우렐리우스

두려움을 가지고 있는 자(者)에겐 반드시 비참이 따른다.
― 대망경세어록

괴로움을 철저히 경험하는 것으로써만이 괴로움은 치유(治癒)된다.
― 프로스트

맹수와 원시림은 악이 지극히 건강할 수 있다는 것, 그리고 신체를 화려하게 발달시킬 수 있다는 것을 증명한다. 맹수적인 것이 내면의 고민에서 헤어나지 못하면 그것은 이미 벌써 위축하고 퇴화되어 있는 것이다. 깽깽 비명을 지르는 개는 퇴화한 맹수이며, 고양이도 또한 그렇다. 마음이 착하고 기가 죽은 무수한 인간은 호인이란 것이 힘의 저하와 결부되어 있다는 것을 증명하고 있다. 겁을 먹은 마음이 압도적으로 신체를 규정하는 것이다.   – 니이체

하나의 일을 이루지 못하면 하나의 지혜를 얻지 못한다. 여러 가지의 관심은 여러 가지의 번뇌를 가져온다.   – 법구경

공포가 분노로 변할 수 있는 동안 결코 파국은 오지 않는다.
   – 스타인백

허망한 것은 간직할 것이 없다. 간직해 봤자 없어지므로 허망하지 않은 것을 찾아야 한다. 그것은 내 마음 밖에 없다. 다른 것은 모두 허망하다. 우리가 이름 지을 수 있는 것은 모두 다, 신도 허망이고, 진리도 허망이며, 허망한 것은 전부 허물어지는 범소유상 개시허망이다. 다른 데 간 것도 아니고 다만 육체를 나라는 착각 때문에, 딴 착각을 해서 그것이 바빠진 것뿐이다.   – 청담조사

젖은 사람은 비를 두려워하지 않고, 가난한 사람은 조금도 도둑을 두려워하지 않는다.
- 러시아의 격언

멀리 있으면 공포를 느끼지만 가까이 다가서면 그런 정도는 아니다.
- 라 퐁테이느

자기와 전혀 인연이 없는 환경에서 사는 것만큼 두려운 것은 이 세상에 다시 없을 것이다.
- 도스토예프스키

더웠다 차가웠다 하는 상태는 부귀한 사람이 빈천한 사람보다 더욱 심하고, 질투와 시기하는 마음이 있는 집안의 사람은 다른 사람보다 더 사나운 법이다. 만일 이런 중에서 냉정한 마음으로써 대처하지 않고 가라앉은 기운으로써 억제하지 않는다면 번뇌 속에 앉아 있지 않은 날이 없을 것이다.
- 채근담

참된 자유의 새는, 결코 애매와 어두움의 숲을 보금자리로 하지 않는다. 모든 확실하지 못한 어둠 속에는 다만 두려움이 있기 때문이다.
- 법구경

우리들이 두려워하지 않으면 안될 유일한 것은 공포 그 자체다.
- 루즈벨트

일반적으로 고통과 번뇌는 위대한 깊은 마음을 가진 사람에게는 항상 필연적인 것이다.   - 도스토예프스키

공포는 전장(戰場)에서 인간이 극복해야 할 가장 어려운 문제이다. 내가 전장(戰場)에서 가장 두려워 하는 것은 두려움 그 자체이다.   - 하이네

누구도 겁내지 않는 자는, 누구에게나 두려움 받는 자에 못지 않게 강하다.   - 쉴러

대부분의 사람은 전쟁터에서 공포를 느끼게 된다. 하지만 군기(軍紀)는 이 공포를 극복하는 용기를 제공한다.   - 크라크

위험에 대한 공포는 그 위험 그 자체보다 천 배나 무섭다.   - D. 디포우

지혜있는 사람은 욕심을 버려 한 가지 물건도 가지지 않고 스스로 자기를 깨끗이 하여 모든 번뇌를 지혜로 돌이킨다.   - 법구경

인간의 꾸준한 노력은 고뇌와 잔인의 총화를 적게 하는 일이어야 한다. 그것이 첫째 의무다.   - 로망 롤랑

두려움이 없는 사람이 가장 빨리 정상에 오른다.　- 셰익스피어

인간이라고 하는 것은, 고뇌라는 이름의 무서운 주인의 폭력에 예속하고 있다는 것과 다를 바 없다.　- 슈바이처

공포는 잔혹(殘酷)의 부모다.　- 프로우드

번뇌 망상에 짓밟혀 가지고 맥을 쓰지 못하다가 커다란 우주를 발견하고 보면 온 우주가 내 기운이 된다.　- 청담조사

자기 스스로가 구한 고독이라든가 타인으로부터의 분리는 인간관계에서 생길 수 있는 고뇌에 대한 가장 기본이 되는 법이다.　- 프로이트

나는 누구를 두려워할 수 있겠는가? 침실의 하인인가! 그들이 무엇을 할 수 있다고 내가 두려워하겠는가? 나를 가두기 때문인가? 내가 안으로 들어가기를 싫어하는 것을 발견하면 나를 가두도록 하라.　- 에픽테토스

미워하거나 두려워할 바에는 오히려 죽는 편이 낫다. 미움을 받거나 두려워질 바에는 오히려 두 번 죽는 편이 낫다. 이것이 정치적으로 조직된 사회 전체의 최고의 격언이 되는 날이 언젠가는 올 것이다.
　- 니이체

기억하고 슬퍼하기보다는, 잊어버리고 웃는 것이 훨씬 낫다.
- C. 로제티

행복하고자 하는가? 먼저 고뇌를 알라.
- 투르게네프

우리가 어떤 말 못할 비참한 역경(逆境)의 고통에 처할 때는 곧 일종의 비장감을 가지게 된다.
- 법구경

고뇌에 시달리면 시달릴수록 의연히 그 정직한 마음을 잃지 않는다는 것은 얼마나 아름다운 일인가? 훌륭한 결과가 그렇게 쉽게 나타나지 않는다는 것은 차라리 고귀한 것이다.
- 법구경

우리가 이 세상을 살아갈 때에, 또는 어떤 사업에 실패할 때에, 흔히 실없는 고통과 번민을 일삼는 것이다. 하늘을 원망하기 전에, 사람을 책망하기 전에 먼저 자기의 진정한 재산을 알라.
- 법구경

인간은 원래 신의 지혜를 가졌다. 그러나 이것이 인간의 자랑이 아니다. 인간은 신의 지혜를 가지면서 동시에 인간의 고뇌를 가졌다. 이것이 인간의 위대한 승리다.
- 법구경

육체상의 고통— 즉, 어디가 아프다든지 할 경우는 어떠한가? 사람이 견디기 어려운 모진 고통은 없다. 고통은 심하면 짧고, 계속적인 고통은 가벼운 법이다. 너무 고통이 심하면 그 고통이 사람을 업어갈 것이고, 그렇지 않으면 스스로 꺼져버리는 것이 고통의 결말이다. 우리는 어떤 신체상의 고통을 피할 수도 없고, 없애는 방법도 없다. 하지만, 참으로 모든 고통이 가벼워지는 것만은 사실이다. 옛날의 성인들은 일부러 고통을 찾아 고통과 맞섰다. 전쟁 때 이 쪽이 도망치는 걸 보면 적(敵)은 한층 기세를 얻어 추격해 온다. 고통(苦痛)도 우리가 그 앞에서 몸을 떨면 우리를 잡아 누르려고 한다. 그러나 우리가 이에 저항(抵抗)한다면, 고통은 드디어 항복하고 마는 것이다. 힘을 주면 육체는 강해진다. 영혼(靈魂)에도 힘을 주어야 한다. — 몽테뉴

사람은 너무나 고통(苦痛)과 쾌락(快樂)에 결박을 당하고 있다. 그것은 영혼(靈魂)을 육체에다 결박시키는 것이 된다. 영혼은 육체보다 높은 것이며, 자유로워야 한다. — 플라톤

등에 무거운 짐을 짊어지고 먼 길을 가는 것이 인생이다. 급히 달리지 말고 천천히 가야한다. — 공자

사람을 불안스럽게 하는 것은 사건(事件) 자체가 아니다. 차라리 사건에 대한 그 사람의 생각에 달렸다. 죽음조차도 본래 그 자체로서는 무서운 것이 아니다. 무섭다는 생각이 무섭게 할 뿐이다. 소크라테스를 보라. 그는 조금도 얼굴을 찡그리지 않고, 차를 마시듯 독약을 마셨지 않은가! — 에픽테토스

part 6

행복(幸福)에 대하여

Analects of the World

행복은 인간을 이기주의자로 만든다. － 톨스토이

행복은 잃기는 무척 쉽다. 왜냐하면 행복이란 언제나 분에 넘치는 것이기 때문이다. － 까뮈

우리는 모두가 행복하기 위해서 태어났다. － 스트로우

행복을 추적하고 있는 동안은 행복할 수 있을 만큼 성숙해 있지 않다. － 헤세

인생에 있어서 최고의 행복은 우리가 사랑을 받고 있다는 확신이다. － V. 위고

춤추는 사람 모두가 행복하지는 않다.   - 프랑스 격언

인간은 자기가 행복하다는 것을 알지 못하기 때문에 불행한 것이다.   - 도스토예프스키

사치한 생활 속에서 행복을 구하는 것은 마치 그림 속의 태양이 빛을 발하기를 기다리는 것과 같다.   - 나폴레옹

진정으로 행복한 사람은 다른 사람을 행복하게 만들어 줄 수 있다. 남을 행복하게 만들어 주면 자기의 행복도 한층 더할 것이다.   - 톨스토이

인간은 현재 행복한 일은 없지만, 언제나 이제부터 행복하게 되는 것이다.   - 포우프

영원히 지닐 수 없는 것에 마음을 붙이고 사는 것은 불행이다.   - 플라톤

행복한 사람은 언제나 선량하다.   - 도스토예프스키

모든 사람의 행복은 다른 사람의 불행 위에 세워진다.   - 투르게네프

불행과 행복은 자기가 구하지 않는데도 찾아 오는 일은 없느니라.
- 맹자

인간은 좋은 친구가 나타나기를 기다리는 것보다 자기 자신이 남의 좋은 친구가 되었을 때 진정한 행복을 느낀다.
- 러셀

보름달은 차차 깎이기 시작한다.   - 서경(書經)

행복에는 날개가 있다. 붙들어 두기란 매우 어려운 것이다.
- 쉴러

'신은 내일 검은 구름으로 하늘을 가득하게 할 수도 있고, 또는 구름 한 점 없이, 밝은 햇빛을 주실 수도 있다.'라고 매일같이 말할 수 있는 사람은, 인생을 통하여 자기 자신의 주인이며, 행복한 사람이 될 것이다.   - 호라티우스

자기 자신을 희생하는 것처럼 행복한 일은 없을 것이다.
- 도스토예프스키

행복한 생활은 대체로 고요한 생활이어야 한다. 이것은 고요하다는 그 분위기 속에서만이 참다운 기쁨이 일어나기 때문이다.   - 러셀

행복한 생활은 마음의 안정에 있다.   - 키케로

누가 행복한 사람인가? 다른 사람의 장점을 존중하고, 타인의 기쁨을 자기의 행복인 것처럼 기뻐하는 사람이다.   - 괴테

행복이란, 돈이 있고, 잘 먹고, 소화 잘 하는 것이다.   - 루소

쾌락은 육체의 어떤 한 점의 행복에 불과하다. 참다운 행복, 유일한 행복, 온전한 행복은 마음 전체의 평온 속에 존재한다.   - 쥬베르

행복이란, 그대로 변하지 말고 계속되었으면 하고 바라는 그런 상태다.   - 퐁트넬

이 세상에서 가장 큰 행복은 사랑을 하고 그 사랑을 고백(告白) 하는 것이다.   - 지이드

그대가 비참하다고 생각하지 않는 한 비참한 것은 없다.   - 보에티우스

사람이란 자기가 생각하는 만큼 결코 행복하지도 불행하지도 않다.   - 라 로슈프코

자기의 행복을 많이 말하는 사람은 비탄을 불러들인다.
- G. 허버트

인생에 있어서 우리에게 일어난 일을 어떻게 받아들이느냐 하는 것은 현재 일어난 일 못지 않게 우리들의 행·불행과 중요한 관련이 있다.
- 훔볼트

인생의 목적은 행복이 아니라 인격이 목적이다.
- H. W. 비처

모든 인간이 행복하게 되기까지는 어떠한 사람이라도 완전히 행복하게 될 수는 없다.
- 스펜서

이 세상에서 가장 큰 행복은 한 해의 마지막에 서서 지난해의 처음보다 훨씬 더 나은 자신을 발견 하는 것이다.
- 톨스토이

쾌락을 구하려고 노력하는 것이 아니라, 노력 그 자체에서 쾌락을 발견하는 것, 그것이 바로 나의 행복의 비결이다.
- 지이드

불행은 전염병과도 같은 것이다. 그러므로 불행한 사람들이나 가난한 사람들은 그 이상 그런 병에 감염되지 않도록 서로 피하지 않으면 안 된다.
- 도스토예프스키

행복의 비밀은 자신의 관심을 되도록 널리 지니고, 흥미를 끄는 사항이나 인물에 대해서는 적의적(敵意的)으로서가 아니라 되도록 호의적으로 반응하는 것이다. － 러셀

종소리를 들으면 브리엔느에 왔던 무렵이 생각난다. 그때는 행복했었다. － 나폴레옹

행복하다고 하는 사람은 불행한 사람이 아무 말 없이 자신의 무거운 짐을 짊어지기 때문에 행복을 즐길 수 있는 것이다. 이처럼 불행한 사람의 침묵이 없었던들 행복 같은 것이 있을리 없다.
－ 체홉

세상에 부자이기 때문에 얻은 불행보다 더 큰 불행은 없다. 얼마나 많은 사람들이 이 비참한 불행자를 부러워하며, 자기의 고귀한 행복을 스스로 짓밟고 있는지 모른다. － 키케로

불행의 원인은 언제나 나 자신이다. 몸이 굽으니 그림자도 구부러진다. 어찌 그림자 구부러진 것을 탓할 것인가. 나 외에는 아무도 나의 불행을 치료해 줄 사람은 없다. 불행은 내 마음이 만드는 것이며, 내 마음만이 그것을 치료할 수 있는 것이다. 내 마음을 평화롭게 가지라. 그러면 그대의 표정도 평화로워질 것이다. － 파스칼

참된 행복은 자기에 대한 신뢰가 싹틀 때 시작된다. － 카알라일

행복이란 습성(習性)이다. 그것을 몸에 지니라.　　－ 허버트

행복의 길에는 다음과 같은 두 가지가 있다. 이것은 욕망을 줄이거나 소유물을 늘이거나 하는 것이다. 이 둘 중 어떠한 것이라도 좋다.　　－ 프랭클린

행복을 위해서 완벽한 준비가 필요하다고 한다면 그대는 영원히 행복해 질 수 없을 것이다. '완벽한 준비'란 그대의 불행이 만들어 낸 환영에 불과한 것이다.　　－ 브하그완

행복이란 영혼의 향기이며 노래하는 마음의 조화이다. 그리고 영혼의 음악 중에서 가장 아름다운 것은 자애다.　－ 로망 롤랑

그대가 만약 참다운 즐거움을 누리고 있다면 결코 내일 같은 것은 생각하지 않을 것이다. 내일 같은 것은 생각할 아무런 필요가 없기 때문이다. 만약 그대가 진정으로 행복하다면 왜 미래를 생각하는가? 진정으로 행복하다면 왜 걱정을 하는가? 참된 행복 속에서는 과거도 미래도 그 어떤 걱정도 있을 수가 없다. 바로 여기에서 그대의 힘은 영원으로 굽이쳐 흐를 것이기 때문이다.　　－ 브하그완

행복이 미래 속에 있는 것처럼 생각 될 때는 잘 생각해 보라. 즉 그것은 당신이 이미 행복을 지니고 있다는 것이다. 기대를 지닌다는 것이 행복인 것이다.
- 알랑

나누어 주어라. 기꺼이 나누어 주어라. 이제 행복은 그대의 것이며, 참 사랑의 환희도 그대의 것이다.
- 브하그완

행복의 본질은 교묘히 속여지는 상태의 끊임없는 소유이다.
- J. 스위프트

이 세상에서 어떠한 일도 알지 못하는 것이 행복이다.
- 서양 격언

나는 세계를 내 앞에 두고 있다. 내 주위 속에 투영된 나는 내 자신과 유사한 모습으로 세계를 채우는 것이 행복이다.
- 까뮈

참된 행복은 우리의 눈에 보이지 않는다.
- 샹폴

행복한 상태에서 생명을 마친 사람만을 진정 행복하다고 생각하라.
- 아이스킬루스

행복을 받고 행복을 주는 것은, 항상 인간의 커다란 기쁨이니라. 사랑하면서 둘이 산 보람을 느끼는 것이야말로 천사의 기쁨이라 해야 할지니라.
— 괴테

어리석은 사람은 조금만 따뜻해져도 오래도록 입고 있던 겨울옷을 벗어 던진다. 행복의 먼동이 틀 때야말로 불행했을 때의 좋은 벗을 잊어서는 안 된다.
— 빌헬름 뮐러

너무 행·불행을 가지고 이러쿵 저러쿵 하는 것은 결국 어리석은 짓이다. 왜냐하면 일생의 가장 불행한 때에도 그것을 포기하는 것은 모든 즐거웠던 때를 버리는 것보다도 괴로우니까.
— 헤세

참다운 행복이란 존재하지 않는다. 다만 행복이 있다고 하면, 그것은 불행이 오지 않는 것만 가지고도 크나 큰 행복이라 하겠다.
— 구꼬

당신이 행복을 추구하기만 하면 당신은 행복해지지 않는다. 만약에 사랑하는 것을 가졌다 할지라도.
— 헤세

행복이란 다른 사람의 행복을 바라볼 수 있는데서 생기는 즐거움이다.
— 비어스

행복해지는 비결은, 쾌락을 얻기 위해서만 노력할 것이 아니라, 행복해지기 위한 노력 자체에서 보다 행복해지는 것 같다.   - 그라시안

아름다운 옷보다도 웃는 얼굴이 훨씬 인상적이다. 기분 나쁜 일이 있더라도 웃음으로 넘겨보라! 찡그린 얼굴을 펴기만 하는 것으로 마음도 따라서 펴지는 법이다. 웃는 얼굴은 얼굴의 좋은 화장일 뿐 아니라 생리적으로도 피의 순환을 좋게 하는 효과가 있다. 웃음은 인생의 약이다.   - 알랭

불행이란 여자들에게는 용납될 만한 성질의 것이다. 그것이 자기가 아닌 다른 연인들에게 일어날 때는 더욱 그렇다.   - 스타인벡

기쁨에서 모든 생물이 태어나고, 기쁨으로서 모든 생물이 살고, 기쁨을 향해 모든 것이 나아가고, 기쁨에게 모든 것이 돌아간다.   - 인도 격언

행복이란 권력이 커지면 느껴지는 것이고, 저항이 극복된다는 감정이다.   - 니이체

행복을 인생의 목적으로 삼지 않고, 행복 이외의 무엇이든 목적물을 인생의 목적으로 삼는 것이 행복을 구하는 유일한 방법이다.   - J. S. 밀

행복에는 어떠한 이유가 없다. 그대가 만약 이유를 찾으려 한다면 그대는 결코 행복해질 수 없을 것이다. - 브하그완

우리의 인생에서 절대적 행복이란 존재하지 않는다. 행복은 그 내부의 행복의 요소를 숨기고 있거나 그렇지 않으면 항상 외부의 무엇에 의하여 행복을 받고 있는 것이다. 행복은 우리에게는 없다. 우리는 다만 행복을 바랄 뿐이다. 행복은 존재하지 않는다. 또 있을 리가 만무하다. 설사 인생에서 의의나 목적이 있다 할지라도 그것은 우리들의 행복에 있는 것이 아니라, 어떤 보다 더 합리적이고 위대한 것 중에 있다. - 브하그완

인간은 멀고 높은 곳만 바라보는 버릇이 있기 때문에 발밑에 딩굴고 있는 행복은 볼 줄도 모르고 손이 닿지 않은 것만 추구하고 있다. - 핀다로스

인간은 자기 행복을 만드는 공장(工匠)이다. - 도로우

행복에 필요한 것은 아무리 사소한 것이라도 좋다! 하나의 피리 음색이라도. - 니이체

인간의 행·불행은 이상하게 비꼬는 성질을 가지고 있다. - 대망경세어록

남을 기쁘게 하고, 그 자체를 기뻐할 수 있는 사람은 행복하다.
- 괴테

행복이 크면 클수록 웃음과 눈물이 깃든다. - 스탕달

인생에 있어서 무상(無上)의 행복은 우리가 사랑을 받고 있다는 확신이다. - 위고

인생에 있어 참지 못 할 일은 별로 없다. 그러나 행복한 나날이 계속되면 사람은 그 행복에 겨워서 참지 못하는 일이 있다.
- 괴테

나는 지금까지 자기가 바라고 있는 것을 실천하려고 노력하는 것보다는 차라리 자기가 바라고 있는 것을 억제하는 것이 행복을 얻을 수 있는 길이라고 생각한다. - J. S. 밀

행복은 불시에 날개를 펼치고 다가오며, 불행은 소나무 지팡이를 짚고 절룩거리며 온다. - 러시안의 격언

사랑을 받으면 욕먹는 것도 생각해야 되며, 편안한 곳에서 있으면 위험한 것도 생각할 줄 알아야 한다. - 명심보감

개인의 행복을 버리는 일은 미덕도 아니고, 의거도 아니며, 인간 삶의 피할 수 없는 일이다.
— 톨스토이

이제부터 영원 속에서 살지 않으면 안 된다. 그리고 또한 영원 속에서 살아야 하는 것은 이제부터인 것이다. 그 지속하는 각 순간들을 의식하지 않는 것이라면 영원한 생명이란 것이 도대체 무슨 소용이 있으랴.
— 지이드

불행한 사람을 비웃지 말라. 누가 자기의 행복이 영원할 것이라고 장담할 수 있을 것인가?
— 라 퐁테에느

시간과 행복과는 아무런 상관이 없다.
— 브하그완

우리가 생활을 해 나가는데 있어서 행복이라거나 불행이라는 신(神)이 아무런 가치도 없게 하라.
— 법구경

행복이라는 것은 뚜껑과 같은 것이어서 어떠한 다른 물건을 만드는 과정에서 생산하는 부산물이다.
— 울티스 헉슬리

불안한 마음으로 풍부하게 사는 것보다는 두려움과 걱정없이 부족한 생활을 하는 것이 오히려 행복이다.
— 에픽테토스

그대가 만약 행복하기를 바란다면 다만 행복해 하라. 행복하기 위해서라면 기다릴 것도 없다. 또한 준비할 필요도 없다. 그대 자신의 존재만으로 그대는 무한히 행복해 할 수 있는 것이다.
- 브하그완

비참한 생활 속에서 지난 날의 행복했던 시절을 생각해내는 것만큼 큰 슬픔이 있을까?
- 단테

언제나 보존할 수 있는 꽉 찬 행복이란 이 세상 어디를 찾아도 없다.
- 서경(書經)

모든 행복이 거짓에 지나지 않았다면, 차라리 잠이나 들어 꿈이나 꿀까 보다.
- 아미엘

행복, 그것은 그대의 앞길을 가로 막고 선 사자이다. 거의 모든 사람이 그것을 보고 되돌아선다. 그래서 행복과는 거리가 먼 어떤 하찮은 것에서 스스로 만족해 버린다.
- 힐티

행복의 첫째 조건은 윤리적 세계 질서에 대한 확고한 믿음이다.
- 힐티

많은 불행은 난처한 일과 말하지 않은 채로 남겨진 일 때문이다.
- 도스토예프스키

비록 패배할 지라도 패배를 인정하지 않으려는 조상의 피를 물려받은 그녀는 얼굴을 번쩍 치켜들었다. 레트를 되돌릴 수 있다. 반드시 있다. 일단 이렇게 마음먹은 이상 자기 것으로 되지 않는 사나이가 이제까지 결코 없지 않던가. 모든 것은 내일 타라에서 생각하기로 하자. 그렇게 되면 침착하게 잘 생각할 수 있으리라. 내일, 그이를 되돌릴 방법을 생각하도록 하자. 내일에는 또 내일의 태양이 비친다. - 미첼

행운·불운은 마치 칼과 같은 것이다. 그 칼날을 쥐느냐 칼자루를 쥐느냐에 따라서 우리들을 손상시키기도 하고 도움을 주기도 한다.
- 루우엘

진짜 행복은 무척 싼데도, 우리는 진짜 행복의 모조품에 참으로 많은 대가를 치른다.
- H. 발로

영원히 행복한 인생! 살아있는 인간치고 이를 견뎌낼 사람은 아마 없을 것이다. 이는 이승의 지옥이다.
- 버나드 쇼

우리 인간은 양식을 저장할 수는 있지만 행복은 저장할 수가 없다. 우리는 앞으로 계속해서 전진해야만 한다. 전진하는 자(者)에게는 행복이 따르고 머물고 있는 사람에게는 행복도 함께 멈춘다. - 에머슨

행복이란 자기의 분수를 알고 그것에 만족하는 일이다.
- 로망 롤랑

남자에게 있어서의 행복은 '내가 하고 싶다.'이고, 여자에게 있어서는 '그가 하고 싶어 한다.'이다. - 니이체

망각하지 않고는 행복해질 수 없다. - 모로아

스스로 잘못을 저지르는 일이 없도록 경계하고, 자신의 신성(神性)은 언제 어느 때나 즉석에서 돌려주어야 하는 것처럼 언제나 그것을 순결하게 보존하면서, 진지하고, 활발하고, 냉정하게 올바른 이성에 따라 현재의 일에 힘써야 한다. 만약 그렇게 하면, 아무것도 기대하지 않으며 다만 자연에 입각한 자기의 당면한 활동과 자기의 말 한 마디에도 나타나는 위대한 진리에 만족하면서 굳게 지켜 나간다면 그대는 행복하게 살 수 있을 것이다. 그리고 아무도 이를 방해할 수 없을 것이다. - 아우렐리우스

무엇이 행복을 가져오는지를 말하기란 무척 어렵다. 빈곤도 부유(富裕)도 행복을 가져오지는 못했다.   - 허버트

행복(幸福)을 잡으려면 흔들리는 그 기분에 자신을 맡기지 말아야 한다.   - 힐티

행복(幸福)에의 권리는 기본적인 것이다. 인간은 아주 잠깐 살며, 홀로 죽는다.   - 브레히트

행복은 한 곳에 잘 머무르지 않는다. 발견하기가 힘들지만 언제든 구할 수는 있다.   - A. 포우프

인간의 행복은 대부분이 동물적인 행복이다. 이 생각은 극히 과학적이다. 오해를 살 위험도 있긴 하지만 이 점을 좀 더 분명히 말해두고 싶다. 인간의 행복은 모두가 관능적인 행복이다.
   - 임어당(林語堂)

최대 다수의 최대 행복이 도의와 입법(立法)의 기초라는 신성한 진리.   - 벤덤

행복을 추구하는 것도 중요하지만 행복을 누릴 자격을 갖추는 것이 더욱 중요하다.   - 칸트

만약 모든 사람들이 괴로워하는 것을 보고 일일이 발을 멈춘다고 하면 사람은 도저히 살아가지 못할 것이다. 행복이란 열 가지 고뇌 속에 한두 가지의 즐거움을 말하는 것이다. 그러므로 사람들은 열 가지의 괴로움 속에서도 행복이 있기 때문에 괴로움과 고뇌를 잊고 씩씩하게 살아가는 것이다.
- 로망 롤랑

어떠한 행복 속에도 불행은 숨어 있다. 이와 반대로 어떠한 불행 속에도 행복은 숨어 있다. 하지만 우리는 어디에 불행이 숨어있고 행복이 숨어있는지 알지 못한다.
- 게오르규

행복한 가정은 거의 서로가 비슷하다. 그러나 불행한 가정은 불행한 모양이 제각기 다르다.
- 톨스토이

이용할 줄 아느냐가 문제일 뿐, 조물주는 모든 사람에게 행복의 기회를 주었다.
- 클라우디아누스

나의 침대가 딱딱해도 신경쓰지 말자. 나는 나의 즐거움을 이 조그만 나비와 같이 만들겠다. 나비의 행복한 마음은 돌덩이를 꽃으로 만드는 힘을 가지고 있으니 말이다.
- W. H. 데이비스

어리석은 사람은 먼 곳에서 행복을 찾고, 현명한 사람은 자기 발 밑에서 행복을 키운다.
- 오펜하임

기대하지 않는 사람은 행복하다. 왜냐하면 그들은 실망하지 않을 것이기 때문이다.
— 울커트

사람은 누구나 자기가 행복하기를 간절히 바라고 있으며, 이렇게 되기 위해서는 노력을 해야 한다. 문을 열어 두고 행복이 찾아오기만을 기다리고 있다면 들어오는 것은 슬픔 뿐일 것이다. — 알랑

행복과 불행은 사람의 마음속에 함께 살고 있다. 그러므로 인생을 괴롭다고 생각하는 사람은 행복이 허무하고, 불행이 오래 가지만 커다란 희망을 가진 사람은 행복은 오래 가고, 불행은 짧다.
— 게오르규

사람은 다른 사람에게 어떠한 행동을 하였느냐에 따라 그의 행복이 결정된다. 남에게 행복을 가져다주려고 하였다면 그 자신에게도 그만큼 행복이 온다. 어머니는 어린 것에게 맛있는 것을 사주고 그 먹는 것을 보며 행복을 느낀다. 이 이치는 부모와 자식 사이에만 해당되는 것은 아니다. — 플라톤

이기주의자는 외면적인, 혹은 적대적인 현상 사이에서 자기의 고독을 느낀다. 그리고 그의 희망은 모두 그 자신의 행복 속에 있다. 성인은 우애적 존재의 세계에 살며 그 각원(各員)의 행복이 그 자신의 행복이라고 여긴다.
— 쇼펜하우어

🗝 인간이 정말 저열하게 되면 타인의 불행을 기뻐하는 것 외엔 아무런 흥미도 가지지 않게 된다. - 괴테

🗝 가장 중요한 것은 영원하게 생생하게 있는 것이다. 영생이란 원래부터 일반적으로 그저 살아있는 것 등은 문제가 아니지 않는가? - 니이체

🗝 사람들은 다른 사람이 행복하지 않은 것을 당연한 것이라고 여긴다. 그러나 자기 자신이 행복하지 않은 것에는 언제나 납득해 하지 못한다. - 에센바흐

🗝 행복과 불행은 생물학적 현상에 불과한 것이며, 행복한 사람이란 최소한의 힘을 들여 최대의 긴장을 풀 수 있는 사람이다. - M. 캠퍼스

🗝 행복은 활동에 있다. 이것은 자연의 구조이다. 행복은 흐르는 개울이지, 괴어있는 웅덩이가 아니다. - J. M. 구드

🗝 자기가 지닌 것을 충분하고 적당한 부(富)라고 생각지 않는 자는, 비록 세계의 주인이 되더라도 불행하다. - 에피큐로스

🗝 인간의 마음가짐이 곧 행복이다. - 쉴러

모든 면에서 행복한 것은 없다. － 호라티우스

행복은 선량한 수호신, 즉 선량한 사람이다. 아아, 상상해 보라. 그대는 여기서 무엇을 하고 있는가. 신들의 이름으로 그대에게 간청하노니, 물러가라! 그대가 본래 온 곳으로 물러가라! 나는 그대에게 아무런 효용도 없다. 그러나 그대는 낡은 수법에 따라 이곳으로 온 것이다. 나는 그대에게 화를 내지 않으련다. 오직 물러가기를 바랄 뿐이다. － 아우렐리우스

행복이란 그대로 변치 않고 영원히 계속되었으면 하는 그런 상태를 말한다. － 폰트넬

우리는 익숙해진 생활에서 쫓겨나면 절망한다. 그러나 진실은 절망에서 새롭고 좋은 일이 시작되는 것이다. 사람이 생명이 있는 동안은 행복이 있다. － 톨스토이

불행한 사람을 비웃기는 쉽다. － 플라우투스

오늘은 불행하지만 내일은 행복하게 될 것이라고 마음은 그대에게 속삭인다. － 브하그완

행복하다고 믿어야 한다. 그렇지 않으면 행복은 결코 오지 않는다.
- 맬러크

그대가 행복하기를 바라거든, 즐거워 하기를 배워라.
- 프라이어

최대의 행복이란 나날이 나의 결함을 고치고 나의 잘못된 점을 바로 잡아 주는 일이다.
- 괴테

추위에 떠는 사람일수록 햇볕의 따뜻함을 강하게 느낀다. 인생의 고통을 겪은 사람일수록 생명의 존귀함을 안다.
- 휘트먼

행복은 현재 우리가 누리고 있다는 의식 속에 존재하지, 결코 미래가 행복의 약속을 지킨다는 데 존재하지 않는다.
- G. 상드

행복은, 언제나 그대가 손에 잡고 있는 동안에는 작게 보이지만 한 번 놓쳐보라. 그러면 곧 그것이 얼마나 크고 귀중한가를 알게 될 것이다.
- 고리키

질투심이 많은 사람은 행복의 조건에서 이탈된 사람이다. 질투는 자기가 가진 것에서 즐거움을 찾지 않고, 남의 소유물에 대해서 괴로워하는 것이다. 행복은 자기가 지배할 수 있는 자기 소유권 안에 들어 있는 물건을 사용할 수 있는 사람의 것이다. 남의 물건을 탐내지 않는다는 것이 행복의 중요한 조건이다. — 호모렌스 굴드

우리가 사랑하는 사람들의 행복을 원하는 것은 당연한 일이다. 그러나 자기들의 행복을 버리면서까지 이를 원해서는 안 된다. — 러셀

타인으로부터 행복한 듯이 보여지는 것은 자신이 행복하지 않다는 것을 알고 있는 비참한 기분을 더 한층 증대한다. — 르나르

부유와 궁핍은 각자의 생각 나름이다. 부라 할지라도 영광이나 건강과 마찬가지로 그것을 소유하는 자가 그것에 힘입을 만큼의 미와 쾌락밖에는 지니지 않는 것이다. 각자는 각자의 생각 나름으로 행복하기도 하고 불행하기도 한 것이다. 사람들이 그러리라고 믿는 그런 사람이 아니라 자신이 그렇게 믿는 자야 말로 만족한다. 오직 그렇게 믿는 마음이 본질과 진실을 부여받는 것이다. — 몽테뉴

행복한 사람만이 남을 사랑할 줄 안다. 불행한 사람은 대부분이 다른 사람을 비참하게 함으로써 자기도 모르게 만족을 느낀다. 하지만 행복한 사람들은 마음껏 생활을 즐기고 자기가 느낀 즐거움을 다른 사람에게 나누어 줌으로써 훨씬 많은 만족을 느낀다. - 구울드

결혼하기는 쉽다. 그러나 가정의 행복을 추구하기는 어렵다. 굳은 각오가 필요하다. - 영국 속담

오, 인간이여, 행복은 마음속에 있거늘, 어찌하여 그대는 밖에서 찾는가? - 보에티우스

마음을 편하게 가지려면 불쾌한 기억은 쉽게 잊어버려야 한다. 기분 나빴던 일을 언제까지나 기억에 담고 있는 것은 가장 어리석은 짓이다. 현재 불행하다고 생각하는 사람은 슬프고 불쾌한 기억에 의한 것이다. 이러한 기분 나쁜 일들을 떨쳐 버릴 수 있으면 오늘 하루는 즐겁게 보낼 수 있을 것이다. - 아우구스티누스

인간이 이 세상에서 존재하는 것은 부자가 되기 위해서가 아니라 행복한 삶을 위한 것이다. - 스탕달

사랑이란 때로는 덧없는 것이라는 것, 서로 호감을 가지고 있는 사람들이 서로 지나쳐 버리고는 저마다의 불가피한 운명으로 살아가고 있으며, 서로가 아무리 다가서서 도우려 해도, 의미 없는 슬픈 악몽 속에서처럼 도와줄 수가 없다. － 헤세

행복은 육체의 건강에는 좋다. 하지만 정신력을 발달시키는 것은 마음의 슬픔이다. － 프로스트

만약 당신이 30세가 되어, 예를 들면 집을 나갈 길을 겪는 순간, 갑자기 행복―더없는 행복의 감정을 느낀다면 당신은 어떻게 하시겠습니까? 마침, 저녁의 깨끗한 햇빛을 받으면서, 그 햇빛이 당신의 가슴 속에 불타서 불꽃이 비처럼 튀고, 온 몸 속의 손끝에서 발끝까지 흘러가는 듯한 느낌을 받는다면…… － 맨스필드

조건이 붙는 사랑이란 참다운 사랑이 아니듯이 인과법칙이 작용되는 행복이란 있을 수가 없다. － 브하그완

행복한 생활은 마음의 평화에서 성립된다. － 키케로

part 7

죽음(死)에 대하여

Analects of the World

🗝 죽음은 없다. 다만, 나만이 죽어간다.　　　　　- 앙드레 말로

　🗝 죽음과 함께 삶은 시작된다.　　　　　- 호세 말티

🗝 그는 나의 좋은 친구였으며, 위대한 용기를 가진 사진가였다. 그의 죽음은 우리들 모두에게 불행한 일이다. 특히 사진가로서는 운이 좋지 않았다. 그가 늘 활동적이었기 때문에 그의 죽음을 생각하는 것은 매우 괴로운 일이었다.　　　　　- 헤밍웨이

　🗝 깊은 밤이나 혹은 새벽 이불속에서 가슴에 두 손을 얹고, 조용히 눈 감으며 죽음을 생각해 보십시오. '이제 내가 죽는다.'고 생각해 보십시오. 당신의 머리에 떠오르는 것은 얼마

나 미미하고 사소한, 보잘 것 없는 것입니까? 우리는 갈수록 생애 대한 애착, 죽음의 비애와 공포의 신비를 느끼고 동시에 인생의 허망을 느낄 것입니다.   - 법구경

사람은 여행을 한다. 여행을 하고, 마침내 자기 집으로 되돌아온다. 사람은 산다. 사람은 살고, 마침내 대지(大地)로 되돌아간다.
    - 영국 속담

때로는 죽음이란 정력의 결핍에서 일어나는 것이 아닐까? 어제 마차에서 떨어져 뒹굴 때는 이제 나는 그만이라고 생각했다. 그 순간 나는 자신에게 타일렀다. 죽어서는 안 된다고. 그래서 나는 살았다.   - 나폴레옹

우리 인간들이 모두 죽는다는 것은 누구나 다 잘 알고 있다. 인간이 소중하게 생각하는 것은 누구나 다 잘 알고 있다. 인간이 소중하게 생각하는 것은 그 시기와 사는 날짜를 연장하는 것이다.   - 셰익스피어

죽음은 이미지를 결여하고 있으므로 상상이 불가능하다. 죽음은 상상을 결여하고 있으므로 생각할 수 없다. 그렇다면 우리들은 영원히 살 것처럼 그렇게 하지 않으면 안 된다.   - 모로아

나의 시간이 되었다. 죽는 것은 아무렇지도 않다…… 하지만, 이 세상에서 사랑하는 사람을 남기고 떠나는 것은 참으로 안타깝다. 자, 그럼 잠들기로 하자.   - 바이런

잘 있거라. 그럼 또 만나자고 해 두자. 다시 만날 수 있으니까.
  - 마크 트웨인

늙음의 채찍이여, 우리의 목숨을 몰아 어디로 가느냐? 죽음의 손길이여, 우리의 목숨을 불러 어디로 가느냐? - 법구경

어느 누구든지 인간은 자기 이외의 모든 사람은 모두 죽는 것이라고 생각하고 있다.   - 에드워드

평화를 가져다주지 않는 죽음은 죽음이 아니다. - J. 드라이든

하지만, 죽는 것 외에 길이 없으면 어떻게 할까. 그렇게 되면 할 수 없지. 나도 다른 사람들이 놀랄 만큼 훌륭한 죽음을 죽어 보이지 뭐.   - 톨스토이

잠은 좋은 것이다. 하지만 죽음은 한층 더 좋은 것이다. 가장 좋은 것은 이 세상에서 태어나지 않는 것이다. 죽음은 싸늘하고 긴 밤에 지나지 않는다. 이에 비해 삶은 무더운 낮에 불과하다. - 하이네

밀을 베고 있는 그에게서 나는 죽음의 그림자를 보았다. 그러나 이 죽음에는 어떤 두려움이나 슬픔도 없다. 황금으로 빛나는 태양과 함께 밝은 빛 가운데 행해지는 것이다…… 자연이라는 위대한 책이 말하는 죽음의 이미지이지만 내가 표현하려고 하는 것은 거의 미소를 짓고 있는 죽음이다.
- 반 고흐

인간은 한 번 밖에 죽을 수 없다.…… 금년에 죽은 자는 내년에는 죽음을 모면한다.
- 헤밍웨이

그러므로 어떤 장소에서든 죽음을 대기하라. 그리스도는 인간 개인의 부활과 황천(黃泉) 저편의 생활을 입증하는 말은 한 마디도 발언하지 않았다.
- 톨스토이

나온다, 운다, 그것이 인생이며, 하품한다, 간다, 그것이 죽음이다.
- 오송 드 샹세유

죽음은 한 순간이며, 삶은 많은 순간이다. - T. 윌리엄즈

인간은 누구나 그의 인생이 끝나리라는 것을 알고 있다. 그런데도 그것을 알지 못하는 것처럼 미친 듯이 산다.
- R. 백스터

🔑 황제 시이저도 죽어서 흙이 되면, 그 흙으로 바람을 막기 위해서 구멍을 막을지도 모른다. 오오, 일찍이 세계를 두려움에 떨게 하던 그가 겨울의 틈 사이 바람을 막기 위해서 벽을 수리하는 것이 될 줄이야! — 셰익스피어

🔑 극 중의 다른 모든 막은 아무리 아름다워도 최후의 막은, 피 냄새가 풍긴다. 마침내 머리위에 흙이 뿌려지고 그것으로 영원히 이별인 것이다. — 파스칼

🔑 인생은 지금 막 시작된 농담이다. — 길버트

🔑 죽음을 두려워하지 말라. 그대가 삶의 여정에서 얼마만큼 그대 자신을 이해하고 있었는가를 염려하라. 삶이 그대 자신이듯, 죽음도 또한 그대 자신의 일부인 것이다. — 브하그완

🔑 죽음은 결코 벌이 아니다. 죽음이란 것은 감각이며, 수고이며, 죽기 전의 공포이다. — J. 사클링

🔑 나까지도 죽는단 말이지? 그렇다면 집으로 돌아가자. 그렇다면 아무데도 갈 곳이 없구나. — 싯다르타

만약 이 세상에 죽음이 없다면 그대는 영원히 깨닫지 못 할런지도 모르며, 그대는 삶을 찾을 필요조차도 없을 것이다. 죽음은 하나의 위대한 계시이다. 그대가 죽음을 이해하게 될 때 비로소 깨달음을 얻게 된다. 참된 성자(聖者)는 죽음이라는 것을 깨달음으로서 탄생한다.
- 브하그완

머리는 혼란하고 기력도 다했습니다. 예의 낯선 사나이 '레퀴엠'의 의뢰자의 모습이 눈앞에서 떠나지 않습니다.…… 문득 최후의 시간이 울고 있는 듯 느껴집니다. 이젠 숨결도 끊어질 듯합니다. 자기 재능을 즐기기 전에 끝나 버리는 것입니다. 그렇지만 인생은 실로 아름다웠으며, 일생은 저토록 행복한 전조로 시작되었던 것입니다! 그러나 자신의 운명을 바꿀 수는 없습니다. 누구나 수명을 아낄 수 없으며, 신의 섭리에 맡기고 체념할 수밖에 없습니다. 종언입니다. 이것은 내 장송곡이며 미완성인 채 남겨둘 수 밖에 없습니다.
- 모짜르트

만약 어떤 신이 그대에게, 너는 내일 반드시 죽는다거나, 모레 반드시 죽는다고 말한다면 그대는 가장 저급하고 우열한 정신의 소유자가 아닌 한, 그것이 내일이건 모레건 별로 차이가 없다고 여길 것이다. 실상 그 차이는 극히 적은 것이다. 마찬가지로 그대는, 먼 장래에 죽거나 내일 죽거나 별로 차이를 두지 않을 것이다. - 아우렐리우스

죽음은 돌아오지 않는 파도다.   - 베를리우스

어떻게 죽는가 하는 것이 문제가 아니라 어떻게 사느냐가 문제다.   - 존슨

죽음을 제외한 그 어느 것도 우리 것이라고 할 수가 없다.
       - 셰익스피어

우리에게 진실로 중대한 철학적인 문제는 하나밖에 없다. 바로 그것은 자살이다. 인생이 살만한 가치가 있는가 없는가를 판단하는 것이 철학의 근본 문제이다.   - 까뮈

죽음 그 자체보다도 죽음의 수반물이 사람을 두렵게 한다.
       - 세네카

죽음을 원하는 것도 말할 수 없이 비참하지만, 죽음을 두려워하는 것은 더욱 비참하다.   - 하인리히 4세

아무도 죽음을 물리칠 힘은 없다. 하지만, 닥쳐오는 죽음 앞에 태연자약한 사람은 죽음보다 강한 사람이다.   - 뤼케르트

사람은 죽음을 멸시할 수도 있다.   - 몽테뉴

죽음, 그것은 그대 영혼의 영원한 순례이다. 그것은 진짜 그대 자신의 편안한 잠이다.   - 브하그완

당신의 생애가 하나의 장난에 지나지 않았다면, 죽음은 당신에게 진지하게 닥쳐올 것이다. 그러나 당신이 삶을 진지하게 살았다면 당신에게는 죽음이 하나의 장난에 불과할 것이다.   - 크레치먼

스스로 만 년 동안이나 살 수 있는 것처럼 행동해서는 안 된다. 죽음은 그대 위에 걸려 있다. 그대가 사는 기간은 그대의 힘으로는 어찌할 수 없다. 그러므로 그대는 선량할지어다.   - 아우렐리우스

죽음이여! 그대는 행복한 사람들에게는 무섭지만, 불행한 사람들은 그대를 즐겨 동경한다. 오, 그대는 진실한 위안자요, 곁에 친구를 두지 못한 모든 사람의 친구로다.   - 사우디

죽는 사람을 슬퍼하지 말라. 죽음 저편에는 고통이 없기 때문이다.   - 필라다스

인생에서 운이 있느냐 없느냐는 행·불행에만 연결되는 것이었으나 전쟁의 운·불운은 그대로 생사로 연결되는 것이다.   - 대망경세어록

태어난 자에게 죽음은 반드시 닥쳐온다. 죽은 자는 반드시 태어난다. 피할 수 없는 것을 슬퍼해서는 안된다. - 바가바드 기타

어떠한 악도 영광스럽지 않다. 하지만 죽음은 영광스럽다. 그러므로 죽음은 악이 아니다. - 아우렐리우스

죽음을 두려워 하는 것은, 없는 것을 무서워 하는 것과 같다. - 톨스토이

죽음이란, 우리에게 등을 돌린, 빛이 비치지 않는 생의 한 측면이다. - 릴케

죽었다고 네가 말하는 그 사람은 다만 앞길을 서둘러 갔을 뿐이다. - 세네카

이 일선을 넘는 것은 무섭다. 그러나 넘어보고 싶다. 그리하여 결국 우리들은 자신이 늦건 빠르건 이 선을 넘어서 이 선 저편에 무엇이 있는가를 알게 된다는 사실을 깨닫기에 이른다. 죽음의 저편에 무엇이 있는가를 조만간 알지 않으면 안되는 것과 마찬가지다. - 톨스토이

나는 만족하게 죽는다. 나의 조국의 자유를 위해 죽는 것이다. - 란 장군

고결하게 죽는 것이, 목숨을 건지는 것보다 더 좋으련만…
- 아에스킬루스

그대가 목격하는 모든 사물은 순식간에 멸망하고, 그 분해의 관찰자였던 사람들도 역시 곧 사멸될 것이다. 그리고 무척이나 장수한 끝에 죽는 사람도 일찍 죽는 사람과 마찬가지일 것이다.
- 아우렐리우스

그대는 죽음을 두려워하고 있는가? 그렇다면 그대는 죽음에 대해 잘못된 인식을 가지고 있는 것이 분명하다.   - 브하그완

죽음의 공포는 해결되지 않는 삶의 모순에 불과하다.   - 톨스토이

언제나 죽을 각오를 하고 있는 사람은 참으로 자유로운 인간이다.
- 디오게네스

죽음에 대한 조심성이 죽음을 두려운 것으로 만들고 죽음의 접근을 촉진한다.
- 루소

그 아름다운, 때 묻지 않은 육체에서 제비꽃이 피어나게 하소서!
- 셰익스피어

다른 사람의 의지에 의해서 죽는 것은 두 번 죽는 것과 같다.
- C. 시루스

죽음은 최후의 잠이다. 아니 그것은 가장 최후에 스스로 깨닫는 것이다.
- 스코트

죽음의 긴 잠은 마음의 상처를 치료해 주고, 인생의 짧은 잠은 육체의 상처를 치료해 준다.
- 장 파울

우리들을 죽은 사람들에게 접근시키는 가장 확실한 길은 죽는 것이 아니라 사는 것이다. 그들은 우리들의 생에 의해서 살며, 우리들의 죽음에 의해서 죽는다.
- 로망 롤랑

이별의 시간이 왔다. 우리는 자기 길을 간다. 나는 죽고, 너는 산다. 어느 것이 더 좋은가는 오직 신만이 안다.
- 소크라테스

인간이 가지는 죽음의 공포는 모든 자연에 대한 인식의 부족에서 유래한다.
- 루클레티우스

삶의 어느 순간도 죽음에의 일보이다.
- 코르네이유

죽음이란 우리의 모든 비밀과 음모와 간계의 베일을 벗기는 것이다.
― 도스토예프스키

죽음은 하나도 두렵지 않다. 다만 돛이 팽팽한 상태에서 침몰하고 싶을 뿐이다.
― W. 에어빙

어린 아이가 어둠을 무서워하는 것과 같이 사람은 죽음을 두려워한다.
― 베이컨

죽음과 세금은 피할 수 없다.
― 토머스 하리바든

가장 오래 자는 사람이 가장 행복하다. 죽음은 가장 긴 수면이다.
― T. 사우던

출생의 순간에서도 죽음은 조금도 비켜서지 않고 버틴다. 죽음은 매일 우리를 쳐다보며 이제나 저제나 우리를 자기 가까이 끌어갈까 심사숙고한다.
― R. 볼트

죽음은 밤의 취침, 아침의 기상이라는 과정과 본질적인 차이가 없는 커다란 과정이다.
― 힐티

생사불멸(生死不滅)을 바라는 것은 큰 오류(誤謬)의 영구화를 바라는 것이다.
― 쇼펜하우어

죽음의 공포는 사람들이 그들의 잘못된 관념에 의하여 국한된 삶의 한 작은 부분을 일생이라고 잘못 생각하는데서 비롯된다.
― 톨스토이

죽음은 출생과 마찬가지로 자연의 비밀이다.　― 아우렐리우스

가장 고의적인 죽음이 가장 아름다운 죽음이다. 생은 타인의 의사에 의한다. 죽음은 우리들의 의사에 의한다.　― 몽테뉴

죽음은 어린아이에게는 다행이고, 젊은이에게는 괴로우며, 늙은이에게는 너무 늦다.　― 푸블릴리우스 시루스

죽음이란 노고와 고통으로부터의 휴식이다.　― 키케로

무덤의 문턱에 가서야 사람은 모든 것을 결말지을 수 있다.
― H. B. 애덤즈

죽음은 좀더 위에 있다. 천상의 운명을 향하기 위한 안식처다.
― 로댕

황금같은 소년, 소녀도 굴뚝 청소부처럼 모두 흙이 되어야 한다.　　　　　　　　　　　　　　　　　　　　　　－ 셰익스피어

태어나는 것처럼, 죽는 것도 자연스럽다.　　　　　　－ 베이컨

자기 자신을 죽일 수 없는 한, 사람은 인생에 관하여 침묵을 지켜야 한다.　　　　　　　　　　　　　　　　　　　　－ 까뮈

죽음은 언제나 어떤 상황 아래에서도, 비극이다. 만약 그렇지 않다면, 인생 자체가 비극이었다는 것을 의미하기 때문이다.
　　　　　　　　　　　　　　　　　　　　　　　　－ 루즈벨트

명예로운 죽음은 불명예스러운 삶보다 낫다.　　　　－ 타키루스

죽은 자(者)의 생애는 산 사람의 기억 속에 자리 잡는다.　－ 키케로

죽음은 오관(五官)에서 오는 인생의 정지이며, 정욕은 움직이는 줄의 절단이며, 사상의 추리 및 육체를 위한 노력의 중지이다.　　　　　　　　　　　　　　　　　　　－ 아우렐리우스

나의 모든 과업을 끝마쳤을 때는 죽음이 즐거운 여행이 될 것이다.　　　　　　　　　　　　　　　　　　　　　－ E. W. 윌콕스

하늘 아래 가장 훌륭한 광경은, 인간이 얼마나 용감하게 죽을 수 있는가를 보는 것이다.
- R. 뷰케넌

멀지 않은 장래에 그대는 죽음을 당하여 자리를 잃게 될 것이며, 지금 그대가 목격하는 모든 것은 존재하지 않게 되고, 지금 살아 있는 사람들도 멸망할 것이다. 왜냐하면 만물은 변화하고 유전하여, 다른 사물이 되어 끊임없이 지속되는 가운데 존재하기 위해 멸망하도록 자연에 의해 만들어졌기 때문이다.
- 아우렐리우스

죽음이 다가오는 것을 그처럼 두려워한다는 것은 바로 생전의 사악한 생활의 증거다.
- 셰익스피어

한 가지만 확실하고 그 나머지는 거짓이다. 한 번 피었던 꽃은 영원히 죽는다.
- 오마르 카이암

자연의 의무를 다한 사람에게는, 죽음은 수면과 같이 자연스럽고 환영스럽다.
- 산타야나

완전하게 죽기 위해서, 사람은 잊을 뿐 아니라 잊혀져야 한다. 잊혀지지 않는 사람은 죽은 것이 아니다.
- S. 버틀러

죽음은 모든 것을 평등하게 한다.
- 클라우디아우스

죽음은 우리의 현명하고 좋은 형제이며 썰물 때를 알고 있기 때문에 안심하고 그것을 기다리면 된다. 번뇌와 실망과 우수가 찾아드는 것은 우리를 불쾌하게 만든다. 그러나 가치와 품위가 없는 것을 만들기 위해서가 아니라, 우리를 성숙시키며, 광명에 넘치게 하려는 것이라는 것을 나는 차츰 이해하기 시작했다.   - 헤세

죽음과 주사위는 모든 차별을 없앤다.   - S. 푸트

이상하다. 그렇지 않은가? 우리보다 먼저 암흑의 문을 통해 숱한 사람들, 그 사람들 가운데 어느 누구도 돌아와 우리들도 찾아 떠나야 할 그 길에 대해 우리에게 말해주지 않는다.   - 오마르 카이암

자살은 살인의 최악의 형태이다. 자살은 참회의 기회를 남겨 놓지 않기 때문이다.   - C. 콜린즈

나는 죽음이 또 다른 삶으로 인도한다고 믿고 싶지는 않다. 죽음은 닫히면 이제 그만인 문이다.   - 까뮈

살 것인가, 죽을 것인가, 그것이 문제다.   - 세익스피어

사람이 죽음을 창조하였다.   - 예이츠

삶에 있어서도 괴로운 일은 많겠지만 자기가 이 세상에서 없어진다는 것은 더 괴롭고 두려운 일이다. 없어지는 것보다도 삶의 괴로움이 훨씬 나을 것이다.
— 엘리어트

그대는 죽음에 대하여 생각해 본 적이 있는가? 그대 자신과 특히 그대가 참으로 사랑하는 사람의 죽음에 대하여 생각해 본 적이 있는가? 지금 그대가 죽어가고 있다면, 그리고 만약 지금 그대의 곁에서 그대가 진실로 사랑하는 사람이 죽어가고 있다면 그대는 어떤 생각을 갖겠는가?

죽음이란 엄청난 힘으로 그대를 압도할 것이다. 그대가 만약 사랑하는 사람의 죽음을 지켜보게 된다면 그 순간 마음으로부터 그대 자신의 죽음이 강하게 떠오를 것이다. 죽음의 순간에는 엄청난 힘이 강림한다. 이 엄청난 힘은 그대를 무기력한 존재로 만들어 버린다. 그것은 그대에게 마치 그대 존재가 없어진 것 같은 느낌을 준다. 모든 환영이 사라진다.
— 브하그완

죽음, 그것은 우리의 영혼이 덮어 쓰고 있는 바깥쪽 껍데기의 변형이다.
— 톨스토이

인간은 비열한(卑劣漢)으로 살 수 없을 뿐 아니라 비열한으로 죽을 수도 없다. 인간은 맑고 깨끗하게 죽지 않으면 안 된다.
— 도스토예프스키

결국은 죽고야 마는 인생이 왜 생겨났을까? 이렇다 할 목적도 없이 왔다가 이유도 알지 못하고 가 버린다. 맨손으로 가니 뜬구름 같은 이 세상의 삶을 타인을 위해 바쳤는가? 아무리 생각해 보아도 나는 모를 일이다. 나는 이 순간에도 흘러 죽어 들어간다. 그것으로 그치고 말 것이다. 그렇다면 무엇을 가리켜 산다고 하며, 무엇이 나고, 무엇이 살고, 무엇이 죽는 것이냐? 과연 이것 뿐인지 아닌지 진실로 알고자 하는 뜻에서 세상살이에 깊이 무상을 깨달아야 한다.
— 청담조사

인간은 근본적으로 자기 자신의 죽음을 믿지 않든가, 혹은 무의식 중에 자신의 불사를 확신하고 있다. — 프로이트

황혼녘에 마을 앞을 지나가는 허름한 나그네를 보고, 얼마나 많은 위인들이 아무도 모르게 이 세상을 지나갔을까 라고 생각해 본다.
— 법구경

어쩌면 이렇게 죽음은 서두르고 있는가! 형성하는 데 수세기를 요한 것을, 파괴하는 데는 겨우 몇 시간으로 족하다니… — 로망 롤랑

죽음과 삶은 모든 사람에게 똑같이 부과된 엄숙한 환희이며, 가혹한 형벌이라는 것을 과연 사람들은 알고 있는 것일까?
— 대망경세어록

'죽음'에 정(情)이 있다면, 슬픔이 있고 눈물이 있다면, 그 삼대 독자를 그 부모 앞에서 데려가지 않을 것이다. - 법구경

오오 주여, 각자에게 각자의 죽음이 있도록 하옵소서, 각자의 사랑과 심정과 고뇌가 어린 저 목숨에서 흘러나온 죽음이 있도록 하옵소서. - 릴케

죽음은 내 자신의 가능성이든가, 아니면 차라리 죽음은 하나의 우연적인 사실이다. 죽음은 탄생과 마찬가지로 하나의 단순한 사실이다. 죽음은 외부에서 우리들에게 다가와 우리들을 외부로 변화시킨다. - 샤르트르

일생에서 인색한 자가 양보하는 순간도 있다. 그것은 바로 유언장을 쓸 때이다. - 모랑

죽음을 아는 사람은 얼마 없다. 인간은 대부분 죽지 않을 수 없기 때문에 죽는 것이다. - 라 로슈프코

당신은 때때로 남을 질투하고, 분격하고, 복수를 하려고 생각할 것이다. 그러나 그 사람은 내일이면 죽는 사람이라고 생각을 해 보라! 그 사람에 대한 당신의 악감정은 씻은 듯이 사라질 것이다.
- 세네카

죽음이란 무엇인가? 아니, 삶이란 무엇인가? 어느 순간 죽음이 찾아와서 빼앗아 갈 수 있는 것이라면 도대체 이 삶이란 무엇인가? 죽음 앞에서 인간이 그렇게도 무기력해 질 수 밖에 없다면, 삶이라는 것은 도대체 무슨 의미를 가지고 있는가? 그대는 죽음 앞에서는 끝없는 허탈감에 빠지고 말 것이다. 죽음 앞에서 그대는 삶의 허망함을 느끼게 될 것이다. - 브하그완

일단 죽어 버린 뒤에는 비록 혼돈의 한 가운데에 있더라도 모든 일체의 것은 완전한 확실성을 지니고 전개된다.
- 헨리 밀러

우리가 산다는 것은 죽어가고 있는 길이다. 산삼 하나를 달여서 쭉 들이마시는 그 시간도 자꾸 죽어가는 것밖에 아무 것도 아니다. - 청담조사

죽음은 인생의 영원한 풍자(諷刺)다. 동시에 영원한 생(生)의 찬미자(讚美者)다.
- 법구경

잘 알려져 있는 바와 같이 우리들이 걷는다는 것은 다만 언제나 자빠져 뒹구는 것을 막고 있을 뿐이라는 것과 마찬가지로 우리들의 육체가 살고 있다는 것은 다만 죽는 것을 계속 지지하고 있다는 것, 바꾸어 말하면 죽음을 앞으로 앞으로 연장하고 있다는 것에 지나지 않는다.
- 쇼펜하우어

죽음은 우리들이 사랑하는 모든 것을 노리고 있다. 순간의 모습을 영원한 브론즈 위에 급히 새겨 넣자. 대화(大火)가 프리암(트로이의 최후의 왕)의 궁전을 휩쓸어 버리기 전에 조국의 보물을 화염 속에서 구하자.
― 로망 롤랑

죽음은 나 자신의 가능성일 뿐만 아니라 오히려 죽음은 하나의 우연적인 사실이다…… 죽음은 탄생과 동시에 하나의 단순한 사실인 것이다. 죽음은 외부에서 우리에게 찾아와 밖으로 변화시킨다.
― 사르트르

그대가 죽음 앞에서 무기력한 존재가 된다면 그 순간 그대는 매우 슬퍼질 것이다.
― 브하그완

죽음은 우리들 모두가 지불하지 않을 수 없는 빚(債金)이다.
― 에우리피데스

신이여, 죽음과 싸울 때에 나와 함께 하여 주옵소서. 오, 알라 신이여! 천국의 빛나는 주민들 사이에서도…… 그렇게 계셔 주소서!
― 마호멧

자살 이외에 고백에서 도피할 길은 없다. 더군다나 자살은 고백인 것이다.
― D. 웹스터

공포는 죽음이라는 사건의 수학적(數學的) 측면으로부터 온다. 시간이 우리에게 공포를 주는 것은 시간이 증명을 하고 난 뒤에 해답을 주기 때문이다. － 까뮈

사람에게는 자살할 가능성이 주어진다. 그러므로 사람은 자살할 수 있다. 자살할 권리를 가지고 있는 것이다. 거기서 사람은 이 권리를 끊임없이 행사하여 결투나 전쟁에 의하여, 또는 스스로 타락적인 생활을 함으로서, 혹은 담배나 아편 등에 의하여 스스로 자신의 목숨을 줄이는 것이다. － 톨스토이

인간은 누구든지 죽는다…… 하지만, 인간은 누구나 다 죽는 동시에 어느 시대든지 누군가가 계속 살아가고 있다. 그 삶의 반대면을 잇는다면 그 사람의 생활 습관, 견해, 사고, 방식은 모두 기형적이 된다. － 대망경세어록

잘 지낸 하루가 행복한 잠을 이루게 하는 것처럼 잘 보낸 인생은 행복한 죽음을 가져온다. － 다 빈치

나는 바다를 앞에 두고, 혹은 바다 위에서 죽고 싶다. 그리하여 죽고 나면 부표(浮漂) 속에 묻히고 싶다. － 모네

🔑 붓다가 어떤 제자에게 물었다.
"사람의 목숨은 얼마 동안에 있는가?"
"며칠 동안에 있습니다."
"너는 아직 깨닫지 못하였구나."
다시 다른 제자에게 물었다.
"사람의 목숨은 얼마 동안에 있는가?"
"밥 먹는 사이에 있습니다."
"너도 아직 깨닫지 못하였구나."
또 다른 제자에게 묻자 그는 이렇게 대답하였다.
"호흡 사이에 있습니다."
"그렇다. 너는 이해하는구나." — 불경

🔑 우리 인간은 어른이나 아이나, 영리한 사람이나 우매한 사람이거나, 가난하거나 부자이거나 죽음에 있어서는 모두 평범하다. — 로렌하겐

🔑 육체보다 영혼을 치료하는 편이 훨씬 더 중요하다. 죽음은 나쁜 인생보다 좋은 것이기 때문에. — 에픽테토스

🔑 그대가 삶이라고 말하고 있는 것은 무엇이며, 죽음이라고 단정 짓고 있는 것은 또한 무엇인가? 만약 그대가 삶과 죽음의 한계를 뚜렷하게 구분함으로써 어떤 새로운 세계에 대한 공포를 느낀다면 그대 존재의 영원성은 허물어지고 말 것이다. — 브하그완

인간을 제외한 어떤 생물도 자살을 하지 않으며 자살의 흉내조차 내지 못한다. 왜냐하면 그들은 죽음 그 자체를 모르기 때문이다. 이와 반대로 인간은 인생의 괴로움 속에서 벗어날 수 있다는 것을 하등 동물과는 다른 고상한 상징처럼 생각한다. 하지만 인간은 그 자살이 직접 행동으로 옮아간 경우엔 그 행동이 참으로 비겁하다는 것을 모르는 경우가 있다. - 파브르

태양과 죽음은 가만히 앉아 지켜 볼 수 없다. - 라 로슈푸코

최상의 죽음이란 예기치 않았던 죽음이다. - 몽테뉴

우리가 농사짓고, 장사하고, 정치하고, 경제하고, 종교를 믿는 것은 죽지 않으려는 것인데 그래도 죽어야만 하는 것이 우리 인생이 아닌가. 이는 참으로 비참한 사실이다. 또한 권력, 재력, 그 무엇으로도 해결할 수 없는 일이다. 인간의 인생은 따지고 보면 죽음이라고 하는 커다란 구렁이한테 뒷다리를 물려 들어가는 개구리의 운명과 다를 바가 없다. - 청담조사

자식도 믿을 것 없느니라. 부모 형제도 믿을 것 없느니라. 죽음에 이르러 숨 거둘 때에 나를 구원할 이는 없나니라. - 법구경

오늘날 도대체 세심하게 다듬어진 죽음을 이루는 자가 조금이라도 있을까. 그 누구도 없을 것이다. 자기 자신의 죽음을 지니려고 하는 비원(悲願)은 차츰 희박해지고 있다. 이제 조금 더 지나면 그것도 자기 자신의 인생 방법과 마찬가지로 이윽고 그 모습이 사라질 것이다.
- 릴케

한 권의 책의 마지막 페이지는 이미 첫 페이지 속에 있는 것처럼 죽음은 탄생과 함께 시작한다.
- 까뮈

연애가 끝난 다음에는 책을 수집하는 것이 가장 즐거운 스포츠이다.
- 로젠 바하

잎들은 떨어질 때가 있고, 꽃들은 북풍에 시들 때가 있으며, 별들도 질 때가 있다. 그러나 사계절 오 죽음! 너에게는 사계절이 너의 것이구나.
- 헤먼즈

탈선해 본 일이 없는 진지한 인간이라 할지라도 건강한 생명이 시들어가는 장면을 제 눈으로 보고서 스스로의 목숨을 끊지는 못할 것이다.
- 헤세

인생은 훌륭하지만 인생의 종국(終局)은 죽음이다. 이것은 어떤 사람이건 그 희망의 궁극이기도 하다.
- 스윈번

존재하는 것은 무엇이며, 그들은 왜 존재하는가? 왜 존재하는 모든 것들은 삶이라는 맹목적인 집착에 사로잡혀 있는가? 어떻게 그들은 끝도 없는 윤회의 길을 따라 이 육체에서 저 육체로 옮겨가고 있는가? 고통이란 무엇이며, 고통은 어디로부터 나오는가?
- 법구경

죽음과 고통이 재난으로써 사람의 눈에 비치는 것은 사람이 육체적, 동물적 존재의 법칙을 혼동할 때 뿐이다. 그가 인간이면서 동물의 등급으로 떨어질 때, 그때에만 그는 죽음과 고통을 보게 된다.
- 톨스토이

인간은 죽어도 슬픔은 죽지 않는다. 밀려오는 세월이 헛되이 갈라놓아도, 넓은 세상은 고통 속에 맺은 공동의 형제라는 유대로 묶여 있다.
- S. 쿨리지

거미줄과 같이 얽힌 온갖 체계도 '너는 죽어야 한다'는 단 한 마디에 의해서 천 갈래 만 갈래로 찢기고 만다.
- 쉴러

묘석(墓石) 아래 잠들고 있는 사람들을 부러워해야 하다니 이 얼마나 한심한 시대인가?
- 괴테

죽음은 물론 삶과는 다르다. 삶을 통하여 그대는 그대 자신을 찾고 신을 찾는다. 그러나 죽음은 탐구로부터도 떠난다. 찾아 헤매는 의식의 방랑이 아니라 죽음은 그대 영혼의 영원한 순례이다. 그것은 진짜 그대 자신의 편안한 잠이다. 그 잠은 무의식의 잠이 아니라 깨어있는 잠이다.

지금까지 그대가 발견한 참 목적지를 향한 유유한 흐름이며, 모든 것을 초월한 완전함에의 입문인 것이다. 그대가 죽음을 이해하고 그것을 초월할 수만 있다면, 그대는 지금까지 찾지 못한 새로운 이상과 새로운 삶을 발견할 수 있게 될 것이다. 그대의 삶이 곧 그대 자신인 것처럼 그대의 죽음 또한 그대의 일부인 것이다.

- 브하그완

그대의 힘을 다하여 죽음을 깊이 맛보라. 그대 전체로 이 무기력함을 깊이 느껴보라. 그러면 이 무기력함 속에서 어떤 가능성이, 어떤 명상이, 어떤 진실이 떠오르게 될 것이다. 그의 죽음을 이용하라. 그것은 하나의 기회이다. 죽음 속에서 영원이 죽지 않는 삶을 찾아라. 삶을 아름답게 이용하라.

- 브하그완

인생은 죽음과 부활과의 연속이다. 죽자, 크리스토프, 또 다시 태어나기 위해서.

- 로망 롤랑

어떠한 장소에서 죽음이 너희를 기다리고 있는지 잘 모른다. 그러므로 어떠한 장소에서도 죽음을 기다려라.　　　　　　　　　- 세네카

사람의 생명은 약으로 연장될지 모른다.—그러나 죽음은 의사에게도 덮친다.　　　　　　　　　- 셰익스피어

죽음이란 그대의 삶을 정리해주는 하나의 문에 지나지 않는다. 그것은 그대를 조금 더 큰 세계로 안내해주는 길잡이에 불과한 것이다. 그대가 죽음의 문에 이르게 될 때, 그대를 괴롭히던 삶의 모든 부스러기들은 그대로부터 떨어져 나간다. 그대가 그대 자신이라고 말할 수 있는 그대 개인만 남는다. 그것은 진실이다. 그것은 신이며 진리이다.　　　　　　　　　- 브하그완

죽음이라는 운명의 조명아래 무용성(無用性)이 나타난다. 우리의 조건을 정하고 있는 무자비한 수학 앞에서는 어떠한 도덕도 어떠한 노력도 선험적(先驗的)으로 정당화 될 수 없는 것이다.　　　　　　　　　- 까뮈

이제야말로 전쟁은 끝났다. 생과 사(死)를, 즉 격렬한 죽음을 볼 수 있는 유일한 장소는 투우장(鬪牛場)이다.　　　　　　　　　- 헤밍웨이

참된 삶이란 영원한 것이다. 그것은 결코 죽지 않는다. 그러면 무엇이 죽는가? 그것은 바로 그대이다. '나'라고 하는 욕망과 집착이 죽는 것이다. 집착은 삶이 아니라 죽음의 일부이다. 만약 그대에게 집착이 사라진다면 그대에게 이미 죽음이란 있을 수 없으며 죽음을 극복한 것이다. 모든 것은 전적으로 그대에게 달려 있다. 집착을 떨쳐버려라. 집착이 소멸될 때 죽음도 함께 사라진다. － 브하그완

죽음은 냉엄(冷嚴)하게 보이긴 하지만 길 잃은 아이를 집에 데려다 주는 아버지와 같이 믿음직스럽고 유순하기도 하다. － 헤세

그대가 죽음을 이해하게 될 때 비로소 각성이 일어난다.
－ 브하그완

죽음이란 무엇이며 삶이란 또 무엇인가?
기억하라. 그대가 태어나는 순간 이미 삶을 부여받았듯이, 그 삶이 시작되는 순간에 이미 죽음도 동행하고 있었다는 사실을 기억하라. 삶이 누구에게나 다 주어지듯이 죽음도 또한 누구에게나 다 주어진 피할 수 없는 숙명인 것이다. 그대가 태어나는 그 순간에 이미 죽음은 기다리고 있는 것이다. 이 세상의 모든 보금자리는 죽음의 묘지이다. 왜냐하면 모든 탄생은 죽음과 더불어 시작되기 때문이다. 사랑하는 사람뿐만 아니라 그대 역시 죽어갈 것이다. 그대

는 그 행렬의 조금 뒤에서 있을 런지도 모른다. 그러나 그것은 다만 시간문제일 뿐 그대는 반드시 죽게 된다. 어떤 사람은 내일 죽을 것이며, 어떤 사람은 모레 죽을 것이다. 죽음이라는 명제 앞에서는 근본적으로 무엇이 다른가? 시간의 차이는 별로 중요한 것이 아니다. 시간은 그대가 만들어낸 거울일 뿐이다. — 브하그완

현자(賢者)의 눈에는 죽음이 공포로 여겨지지 않으며, 경건한 사람의 눈에는 종말로 비쳐지지 않는다. — 괴테

죽음이란 잠시 생명을 거두어 들이는 것에 불과하다. — 릴케

우리 인간의 죽음은 인간의 자유의사에 의해서 결정되는 것이 아니고, 오직 죽음 그 자체에 의해서만 결정된다. 천하의 영웅과 만고의 호걸도 이 죽음 앞에선 어떠한 반항도 못하고 그저 순종해야 하는 것이다. 우리는 이러한 현실에 직면해 있으면서도 마치 남의 일처럼 새까맣게 잊고 살아가며 죽음이라는 구렁이 앞에 다가서고 있는 것이 아닌가? — 청담조사

자살이라는 생각은 커다란 위안이다. 이로써 사람은 수많은 괴로운 밤을 성공적으로 지낸다. — 니이체

우리는 분명 죽으리니, 땅에 쏟아진 물을 다시 모으지 못함 같을 것이오.
— 구약성서

불쌍히 여기지 말라. 죽어가는 사랑하는 사람을 보면서 그를 불쌍히 여기지 말라.
— 브하그완

나는 잠자리에 들 때(아직 이렇게 젊은데도)마다 어쩌면 내일은 이젠 살지 못할지도 모른다고 생각합니다. 그러나 나를 아는 사람들로서 내가 남과의 교제에서 불쾌한 표정을 짓는다든가 슬픈 표정을 짓는다고 말할 사람은 없을 것입니다. 매일 이 행복을 신에 감사하고 있습니다.
— 모짜르트

지상(地上)에 사는 모든 생물(生物)은 죽어야 하는 영혼을 가지고 있으므로 큰 것이나 작은 것이나 죽음으로부터 피할 수 없다.
— 호라티우스

인간이 근심하는 것 중에서 죽음보다 더 절실한 것은 없고, 자기가 소중히 여기는 것 중에서 삶보다 더 소중한 것은 없다.   — 열자(列子)

죽음 저기로, 저 한 가운데로! 그리하여 나는 그 사람을 벌하고 모든 사람으로부터, 내 자신을 고뇌로부터 도피해 주는 것이다.   — 톨스토이

🗝 죽음, 그것은 가난한 사람의 가장 사랑하는 친구요, 경애하는 가장 좋은 친구이다.　　　　　　　　　　　　　　- R. 번즈

🗝 그대는 이윽고 순식간에 재로 화하고, 또는 해골로 화할 것이다. 그리하여 남는 것은 이름 뿐, 아니 이름조차 남지 않을 것이다. 이름은 음에 불과하며 울림에 지나지 않는다. 이 세상에서 크게 존중되는 여러 가지 사물들은 공허하고 썩기 쉽고 또한 무가치하다. 그것은 서로 물어뜯는 강아지 같고, 싸우거나 또는 곧 울기도 하는 아이들과 같은 것이다.　　　　　　　　　　　- 아우렐리우스

🗝 이윽고 나는 죽음이란 무엇인가를 알게 될 것이다. 그렇지만 나는 별달리 생각지 않는다. 어쩌면 그것은 멋진 것일지도 모른다. 어쩌면 또한 그것은 아주 행복한 것일지도 모른다. 곧 그것도 알게 될 것이다. 지금은 아무도 모른다.
나는 죽음에 대해서 옛날 위대한 사람들이나 훌륭한 학자들이 쓴 것을 읽어보았다. 그런데 놀랍게도 훌륭한 학자들이란 제일 사물을 모르는 사람들이다. 그 중에는 뛰어난 훌륭한 사상을 써서 남긴 사람들도 있다. 그러나 죽음이 어떤지는 아무도 알지 못했다.　- 마이올

🗝 어느 땐가 그대가 이 세상에 태어났듯이, 어느 땐가는 다시 이 세상을 떠나게 된다.　　　　　　　　　　　　　　- 브하그완

인간에게 가장 고통스런 죽음은 그가 미리 아는 죽음이다.
- 박킬리데스

태양이 져야 하는 한, 아무리 아름답게 비추어도 소용 없다.
- 라이문트

왜 죽음을 두려워하는가? 죽음은 인생의 가장 아름다운 모험이다.
- C. 프로우먼

나타샤도 마리아도 다 같이 울음을 터트렸다. 그러나 그녀들이 운 것은 자기 자신의 비애 때문은 아니었다. 그녀들이 운 것은 눈앞에 이루어진 단순하고 엄숙한 죽음의 신비를 의식하고 경건한 감동에 마음을 빼앗긴 때문이었다.
- 톨스토이

어떠한 행동을 할 것인가 하고 그대가 아무리 번민할 때라도, 밤이면 죽을지도 모른다는 생각을 한다면, 그 번민은 곧 해결될 것이다.
- 톨스토이

죽음을 나의 잠자리처럼 두려워하지 않고 살도록 가르쳐주소서.
- 켄 주교

지구 위를 걸어다는 사람은 전부 합쳐도, 무덤 속에서 잠자고 있는 무리에 비하면 한줌에 지나지 않는다.
- 브라이언트

컴컴한 망각(忘却)의 바다에 영원히 어두워진 우리의 많은 꿈들! 그의 영원한 이별을 생각할 때, 당신은 눈물 없이 바라볼 수 있습니까?   - 법구경

망각과 침묵은, 죽은 사람의 특권이다.   - 성 그레고리

죽음에 관한 일을 완전히 잊어버리고 있는 생활과, 한 시간마다 죽음에 가까워짐을 걱정하며 지내는 생활과는, 두 개의 전혀 다른 상태이다.   - 톨스토이

죽음에 직면했을 때라도, 우리는 그 죽음에 대해서, 생각하지 않는 편이 훨씬 편하다.   - 파스칼

우리가 살고 있는 동안은, 우리의 마음은 죽어 있는 것이며, 우리의 육체 속에 묻혀 있는 것이다. 그러나 우리가 죽을 때, 마음은 되살아 나는 것이다.   - 헤라크레스

인간은 고귀하게 혹은 비천하게 살아갈 수 있음과 같이, 또한 고귀한 죽음 혹은 비속(卑俗)한 죽음을 하는 것이다.   - 에드워드 펜더

영혼에 있어서, 죽음이란 존재하지 않는다. 다만 우리가 이미 경험하였으며, 앞으로도 경험할 바 변화의 병렬(竝列)이 존재할 따름이다.
- 톨스토이

인간의 마음은, 육체와 더불어 완전히 멸망해 버리는 것은 아니다. 마음에서는 영원한 것이 남는다. - 스피노자

우리들 누구든지를 기다리고 있는 '죽음'만큼 확실한 것은 없다. 그럼에도 불구하고 우리들은 누구나 다 '죽음' 같은 건 존재하지 않는 듯이 생활하고 있다.
- 톨스토이

육체의 죽음과 동시에 우리의 인생은 그치고 마는 것일까? 이 의문은 가장 중대한 것이다. 그러나 사람들은 이 문제에 대하여 그다지 깊이 생각하지 않는다. - 파스칼

느끼고 이해하고 살고 존재하는 그 근원은 어떠한 것일지라도, 신성(神性)하고 영원적인 것이 아니면 안된다. - 시세로

다른 사람들은 불멸(不滅)에 대하여 의심을 품으면서도, 그 때문에 괴로움을 받으며, 또 그 괴로움을 가장 큰 불행으로 생각하고 있다.
- 파스칼

part 8

신(神)에 대하여

Analects of the World

조물주의 의사에 의해 생기는 일은 무엇이든 선이라고 생각 해야 한다.
― 키케로

신이 모든 것을 하려고 하지 않는 것은, 오직 우리들로부터 자유로운 의욕을 빼앗아 버린다든가, 우리들 인간의 것인 약간의 영광을 빼앗아 버리지 않으려는 것이기 때문이다.
― 마키아벨리

만약 악마가 존재하지 않는다고 하면 곧 인간이 그것을 만들어낸 것이 된다. 그렇다면 인간은 반드시 자신의 모습에 비슷하도록 악마를 만들어냈을 것임에 틀림없다.
― 도스 토예프스키

신은 우리들의 입각점(立脚點)이 높으면 일체(一切)이며, 우리들의 입각점이 낮으면 우리들 비참한 것의 한 보족(補足)이다.
- 괴테

여러 가지의 형태와 본질을 지니고 역사에 나타난 모든 신(神)은 결국 인간의 신이었다. 신의 신이 아니었다. 그것은 최고, 최강의 인격의 인간, 혹은 최악, 최약의 인간의 모범이었다. 따라서 우리는 언제나 신(神)에게서 인간밖에 본 것이 없다.
- 법구경

천지조화의 주인 된 신은 이따금, 자신이 창조한 인간에게 심술궂은 장난을 하는 경우가 있는 모양이다. 아니 그것은 장난이라고 하기 보다는 깊은 뜻을 내포한 위로일지도 모른다. - 대망경세어록

신의 존재를 눈앞에서 볼려고 성급하게 구는 사람은, 신이 존재하지 않는다고 단정하는 사람과 똑같이 어리석은 사람이다.
- 서양 격언

오직 외부로부터 세계를 충동하는 신이란 무엇일까. 그 손끝으로 우주를 회전시키는 신이란 무엇일까. 세계를 내부로부터 움직이는 것이야말로 진정한 신이다.

자연을 자기 내부로 간직하고, 자기를 자기 내부에 포함시키고, 그 내부에서 생동하며 존재하는 일체가 항상 그의 힘을 나타내며, 그 정신을 마음에 새겨 지키는 것이야말로 진정한 신이다. - 괴테

그대가 그대 자신을 찾게 되는 날, 바로 그 날이 그대에게 있어서는 전 세계가 깨달음으로 열리는 날이다. 이해하라. 깨어 있으라. 그대가 바로 삶이며, 그대가 바로 세상이며, 그대가 바로 진리이다. 그대가 바로 신이며, 그대가 바로 전체인 것이다. - 브하그완

신이 된다는 것, 단지 이것은 땅 위에서 자유로와진다는 것, 어떤 불멸의 존재도 섬기지 않는 것이다. - 까뮈

신은 인간에게 공기를 주고 법률은 그것을 팔아 먹는다. - 유고

신은 이따금 사람의 지혜로는 재기 어려운 창조를 하신다. - 대망경세어록

신은, 우리 인간들이 자신의 노력으로 신의 지위에 도달하는 기쁨을 맛볼 수 있도록 훨씬 이전에 우리들을 버렸던 것이다.

― 헨리 밀러

신(神)이 존재하지 않는다면 인간은 신을 창조할 필요가 있을 것이다.　　― 볼테르

신은 괴로워한다. 신은 싸운다. 싸우는 사람들과 함께, 또한 괴로워하는 모든 사람들을 위해서. 왜냐하면 그는 '생명'이며, 어둠 속에 떨어져 확대되어 어둠을 삼키는 한 방울 빛이기 때문이다.

― 로망 롤랑

이전에 일체의 그의 지적(知的) 건축물을 파괴하고 있던 '왜'라는 무서운 의문은, 이제 그에게서는 존재하지 않게 되었다. 지금은 이 '왜'라는 의문에 대해서 그의 내부에서는 언제나 단순한 대답이 준비되어 있다. 이것은 다름 아닌 '신이 있으니까'라는 대답이다.　　― 톨스토이

'신의 것은 신에게, 시이저 것은 시이저에게 주라!'― 그러나 이것은 주는것에만 국한된 것이며, 취하는 것에는 적합하지 않은 말이다.　　― 하이네

신이란, 세상을 설명하기 위해서 인간이 발명해 낸 말에 지나지 않는다.
- 라마르틴

신에 대한 정신적 지적애(知的愛)는 신이 신 자신을 사랑 할 때의 그 사랑일 따름이다.
- 스피노자

내 마음 속 깊숙한 밑바닥을 아시는 신, 그리고 내가 인간에 대한 사랑과 신과 자연이 명한 의무를 모두 성실히 실행한 인간임을 아시는 신은 반드시 최후에는 나의 이 고뇌를 구원해 주실 것입니다.
- 베토벤

신이란 세계 그 자체이다. 신은 식물이 되어 공공연히 나타난다. 식물은 의식을 지니지 않고, 우주의 자석(磁石)과 같은 삶을 사는 것이다. 또한 신은 동물이 되어 공공연히 나타난다. 동물은 관능만의 꿈꾸는 듯한 생활을 하며 자신의 존재를 다소간 몽롱히 느끼는 자이다. 그러나 신은 인간이 되어 가장 멋지게 공공연히 나타난다. 인간은 느낌과 동시에 생각하며, 개인으로서의 자신을 객관적인 외부의 자연과 구별할 줄 알며, 현상계에 나타나는 관념을 이미 자기 이성 가운데 지닌 자이다. 신의 아름다움은 인간에게 지각된다. 이러한 지각이 인간을 통해서 신의 신다움을 표현한다.
- 하이네

신은 깨닫기는 어렵지 않지만 그 품에 안기기는 어렵다. 깨닫는 것과 안기는 것과의 차이는 하늘과 땅 사이다. - 파스칼

하나님에 대한 사랑은 반드시 선에 대한 사랑과 일치하지 않는다. 그것이 그렇게 간단한 것이라면 얼마나 좋을까. 하나님은 계율 속에만 있다고 할 수 없다. 하나님으로서의 계율은 하나의 가장 작은 부분에 지나지 않는다. 계율은 지키고 있지만 더 한층 하나님에의 길은 먼 곳에 있을 수도 있다. - 헤세

신은 아무 소용도 없이, 다만 그를 사람들로부터 떼어 놓아 고독하게 만들 뿐이었다. - 까뮈

신은 어떠한 뜨뜻미지근함도 용서하지 않는다. - 콕토

인간은 동물이 되고 싶어 하지 않았고 동물을 지배하고 싶어 했다. 그래서 신은 결국 여자를 창조했다. - 니이체

만약 그대가 깨닫게 된다면, 그대의 눈에 보이는 모든 것들은 신성(神性)을 가지고 있을 것이다. - 브하그완

신을 믿지 않는다는 것은 사람들이 생각하는 것보다 훨씬 어렵다.
- 지이드

신은 결코 무신론의 그릇됨을 증명하고자 기적을 행하지는 않았다. 평범한 업적으로도 그것을 증명할 수 있기 때문이다.
- 베이컨

신은 생각할 수 없는 것 이상으로 위대하다.   - 성 안셀름

인간이 가져다 놓은 것은 바르건 바르지 않건 어쩐지 좀 꼭 들어맞지 않고 어색하다. 그러나 신이 가져다 놓은 것은 바르건 바르지 않건 항상 그 장소를 얻어 제격이다.
- 괴테

내가 신이라 부르는 것을 바보들은 자연이라 부른다.
- R. 브라우닝

제국의 신에게 몸을 바친 여신도는 사랑을 모르는 명상 속에 일생을 보냈다.
- 셰익스피어

신은 언제나 강자(强者) 편을 든다.   - 타키투스

신(神)은 모든 인간에게 자신의 입으로 예언을 하도록 허용하셨다.
- 에머슨

신의 참가 없이는 인류의 통일은 불가능하다.   - 토인비

신성(神性)에 접촉하자면 자신을 최고의 이성으로 높이지 않으면 안 된다. 신성은 자연의, 혹은 인간의 근원현상 가운데서 나타난다. 신성은 근원현상의 배후에 잠재하고, 근원현상은 신성에서 흘러나오는 것이다.   - 괴테

극단적인 회의(懷疑)와 구역질나는 파리의 관능주의는, 크리스토프의 마음에 신을 소생시켰다. 신을 믿고 싶었던 것은 아니다. 그는 신을 부정하고 있었다. 그러나 그는 신으로 충만했다.   - 로망 롤랑

하나님과 재물, 양쪽을 다 섬기기 시작한 사람은 하나님이 없다고 믿게 된다.   - 스미드

신성한 신, 신은 빛 가운데도 있다.
어둠 가운데도 있다.
신은 우리들의 입맞춤 가운데도 있다.
존재하는 모든 것이 신이다.   - 하이네

하나님은 형언할 수는 없으나 심술궂지는 않다.   - 아인슈타인

선과 사랑에 있어서 하나님을 닮으려고 갈망하다가 죄를 범한 인간과 천사는 일찍이 없었으며, 앞으로도 범하지 않을 것이다.
- 베이컨

신을 아는 것에서 신을 사랑하는 것까지는 어찌 그리 멀고 먼 것일까.
- 파스칼

신을 판결할 능력을 가진 사람은 없다. 우리는 자비의 무한한 대양에 있는 물방울이다.
- 간디

하나님이 무가치하다는 견해(見解)를 가지는 것보다는 하나님이 무엇인지 전혀 알지 못하는 편이 더 낫다. 왜냐하면 후자는 불신이고, 전자는 모독이기 때문이다.
- 베이컨

신이란 것은 이성으로 이해할 수 있는 것이 아니다.
- 톨스토이

하나님은 존재하는가 하는 물음은 나는 존재하는가 하는 물음과 같다.
- 톨스토이

신이 있어야 편리하다. 편리하니까 신이 존재한다고 믿자.
- 오비디우스

🗝 신은 인간에게 각양각색의 것을 부여하고 있다. 사람이 자기 스스로를 깨닫도록 선(善)을, 또한 사람들이 자기 스스로를 깨닫도록 악(惡)을 부여했다.
- 괴테

🗝 하나님의 오른손에서 빠져나오는 사람은 그의 왼손에 잡혀 든다.
- E. 마컴

🗝 신이 있다면 죽는 것도 즐겁지만, 신이 없다면 사는 것도 슬프다.
- 아우렐리우스

🗝 신의 존재를 부정하는 사람들은 인간의 존엄성을 파괴한다. 분명히 인간은 육체로 보면 짐승들과 같기 때문이다. 만일 인간의 영혼이 신의 영혼과 같지 않다면 인간은 비천한 피조물이다.
- 베이컨

🗝 무신론자도 밤에는 신을 반쯤은 믿는다.
- 영

🗝 신의 목적을 찾아내기란 인간의 마음으로는 불가능하다.
- 핀다로스

🗝 신은 우리의 마음 속에 있다.
- 오비디우스

삶의 희망이 되살아나면 신은 인간의 욕구에 대해서 힘을 잃고 만다.
― 까뮈

타인보다도 한층 더 신에 접근하며 신의 영광을 인류 사이에 넓히는 것만큼 고귀한 사명은 없습니다.
― 베토벤

하느님은 모든 사람이 행복하기를 바란다. 만일 당신도 모든 사람들의 행복을 바란다면, 다시 말하면 당신이 모든 사람을 사랑한다면 당신의 마음 속에는 하느님이 살고 있는 것이다.
― 톨스토이

하느님에 대해서 남의 말을 곧이곧대로 믿는다면 결코 하느님을 인식할 수는 없을 것이다. 하느님의 율법을, 즉 모든 인간의 마음이 알고 있는 그 율법을 실행함에 의해서만 하느님을 인식할 수 있는 것이다.
― 톨스토이

part 9

영혼(靈魂)에 대하여

Analects of the World

마음에는 방 두 개가 있어서 기쁨과 즐거움이 따로 살고 있다.
— M. 노이만

사람의 마음은, 비밀이 간직되고 소리 없이 봉인(封印)된 숨겨진 보물을 가지고 있다.
— 브론디

고귀한 영혼은 자기에 대한 존경을 가진다.
— 니이체

그대가 마음에 지배된다면 그대는 왕이다. 그러나 육체에 지배된다면 노예다.
— 카토

나는 영(靈)의 세계를 믿는다. 그리고 이외의 것은 나에게 있어서는 무(無)다. 그러나 그러한 영의 세계는 우리들에 의해서 우리들 이외에는 존재하지 않는다고 생각한다. 그것은 우리들, 우리들의 육체가 부여하는 지주에 의해 성립되어 있다.
— 지이드

육체를 만족시키기 위해서는 영혼을 거칠게 내버려야 된다.
— 톨스토이

나는 성스러운 영(靈)이다. 나는 정신이 멀쩡하다. — 반 고흐

강물을 보라. 주위와는 무관하게 평정 속에서 고요히 흐른다. 강둑에서 어떠한 일이 벌어지든 간에 개의치 않고 유유히 흐른다. 강물은 자기의 본성대로 흐른다. 아무도 강물에게 명령할 수가 없다. 강물은 언제나 참된 그 자신으로 남아 흐른다.
— 브하그완

잠자고 있는 사람은 그의 영혼이 멀리 가 있어서 돌아올 시간이 없을지도 모르기 때문에 그를 깨우지 않는 것이 원시 시대 사람들의 상례였다.
— 프레이저 경

우리들의 영혼은 작은 거울이다. 그러나 모든 것이 완전히 그 작은 거울에 비춰진다.
— 로댕

🗝 영혼은 사는 곳에 있는 것이 아니라 사랑하는 곳에 있다.
― H. G. 본

🗝 정신은 모든 일의 탁월한 지렛대이다. ― 웹스터

🗝 인간의 본 바탕은, 당해보지 않은 위급한 일 속에서도 정신이 있는가로서 시험된다. ― 로우얼

🗝 정신이 강력하고, 독창적일수록 더욱 더 종교(宗敎)에로 기울 것이다. ― 헉슬리

🗝 육체가 아무리 가까이 있더라도 육체란 결국 남의 것이고, 영혼만이 자기의 것인 것이다. ― 톨스토이

🗝 재물의 빈곤은 용이하게 고쳐질 수 있지만 영혼의 빈곤은 결코 고쳐지지 않는다. ― 몽테뉴

🗝 나는 육체에서 분리된 영혼이라는 것을 믿지 않는다. 나는 육체와 영혼은 동일한 것이며, 육체가 이미 존재하지 않게 되었을 때는 양자는 함께 끝난다고 생각한다. ― 지이드

🔑 이 세상에는 칼과 정신의 두 개의 힘 밖에는 없다. 결국 칼은 언제나 정신에게 때려 눕혀지고 만다.   - 나폴레옹

🔑 느끼기 쉬울 때 마음을 훈련하는 것은 용이하다.   - 세네카

🔑 인간은 언제나, 누구인가 다른 사람들만 바라보고 있다.   - 브하그완

🔑 위대한 애정과 같이 위대(偉大)한 정신은 위대한 항해자(航海者)이다.   - 에머슨

🔑 바라는 일은 거의 없고, 두려운 일이 많이 있다는 것은 비참한 정신상태(精神狀態)이다.   - 베이컨

🔑 우리 모두의 가장 깊숙한 가슴 속에는 사물의 궁극적인 신비(神秘)가 슬프게 작용하는 구석이 있다.   - 제임스

🔑 내 마음을 지키라. 생명의 근원이 이에서 남이니라.   - 구약성서

🔑 사람의 마음이란 지극히 미묘한 것이어서, 말로써 이해할 수 없으며, 침묵으로도 통할 수 없다.   - 보우

사람의 마음은 그가 사귀는 친구를 보면 알 수 있다.   - 로우얼

내 마음은, 나도 그 일부를 이루고 있는 이 세계에 존경을 느낀다.   - 로댕

당신 마음 속에는 당신이 천국에서 쉬지 못하게 만들 독을 간직하고 있다.   - 웰스

인간을 고귀하게 만드는 것은 마음입니다. 나는 백작은 아닙니다만은 아마도 여러 백작들보다도 더 많은 명예를 마음 가운데 지니고 있습니다.   - 로망 몰랑

사람의 마음은 모순을 조화시키도록 만들어져 있다.   - D. 흄

마음은 이성(理性)이 전혀 알지 못하고 그 나름의 이유를 가지고 있다.   - 파스칼

세상에는 별의 별 모양의 것이 있는 것처럼 인간의 마음도 가지각색이다.   - 오비디우스

마음은 영혼의 공기다.   - 뷰베르

피 묻은 손보다 더 나쁜 것은 비정(非情)한 마음이다.　　- 셸리

모든 사람의 가슴 속에는 똑같은 심장이 뛰고 있다.　- 아놀드

고요한 중에서 고요한 마음을 지키는 것은 참다운 고요함이 아니다. 소란한 중에서 고요함을 지켜야만 심성(心性)의 참 경지를 얻으리라. 즐거움 중에서 즐거운 마음을 지키는 것은 참다운 즐거움이 아니다. 괴로움 중에서 즐거운 마음을 얻어야만 심체(心體)의 참 묘용(妙用)을 맛볼 수 있다.　　- 채근담

영혼이란 말하자면 감상적인 아내와 같아서, 더 나은 생애를 위하여 기도하기도 하고 흐느끼기도 한다.　- R. 르갤리엔

계절은 돌고 돌지만 진정한 영혼은 가는 곳 어디서나 동일한 것을 불태운다.　　- T. 부어

육체의 색정(色情)과 탐욕은 영혼을 망신시키지만, 영혼은 이를 이겨내야 한다.　　- 스미드

영혼은 육신을 거부하는 것이다. 이를테면 부들부들 떨고 있을 때 도망가기를 거부하고, 육신이 분노할 때 때리기를 거부하고, 육신이 목마를 때 마시기를 거부하는 것이다.　　- 알랭

인간의 영혼은 하늘보다 넓고, 대양보다 깊으며, 혹은 깊이를 알 수 없는 심연의 어두움이다.   - 코울리지

정신은 결코 무력으로 정복되지 않으며, 사랑과 아량으로서만 정복된다.   - 스피노자

나의 목숨은 네가 빼앗을지언정 나의 정신은 빼앗지 못하리라.   - 김구

사람은 누구나 마음의 집을 마련하지만, 나중에는 그 집이 마음을 가두어 버린다.   - 에머슨

잘난 얼굴이 추천장이라면, 선(善)한 마음은 신용장(信用狀)이다.   - 벌워 리튼

영혼이 뿌린 씨는 어떤 것이나 멸망하지 않는다.   - 시몬즈

튼튼한 신체는 마음을 강하게 한다.   - 제퍼슨

인간은 앞을 못 보는 육체적 인간과 눈을 뜬 영적인 인간으로 나뉜다.   - 톨스토이

영혼은 인간들 생명의 우두머리요, 지배자이다.

— 살루시티우스

하나의 착한 마음은 이 세상의 모든 두뇌보다 낫다.

— 벌워 리튼

「장 크리스토프」에서 내가 완수하고자 했던 의무는, 프랑스에 있어서의 도덕적·사회적 붕괴의 시기에서 불타 버린 재(灰) 밑에 잠들고 있던 영혼의 불을 일깨우는 것이었다. — 로망 롤랑

마음의 옷이야말로 몸의 옷에 앞서 인정받아야 한다.

— R. 스틸

정신은 언제나 우주의 지배자(支配者)이다. — 플라톤

마음은 자유롭고 구속이 없는 것, 즉 대양(大洋)의 파도요, 날아가는 새이다. — 파도우

마술은 내 마음에 있다. 내 마음이 지옥(地獄)을 천국(天國)으로 만들 수도 있으며 천국을 지옥으로 만들 수도 있다. 그러므로 자연의 비밀을 풀어 인류의 행복에 기여하라. — 에디슨

마음의 상처는 치료하기 어렵다. — 피테

마음이 풍요하지 않으면, 재물은 한낱 추한 거지이다.   - 에머슨

정신의 개선을 추구하는 사람은 정신에 도움을 줌으로써 세상에 도움을 준다.   - 스웨인

정신력이란 운동이지 결코 휴식이 아니다.   - 포우프

육체는 영혼의 집이다.   - J. 레이

인생의 경쟁에 있어서 육체가 아직 입장을 지키고 있는데 영혼이 거절하는 것은 영혼의 치욕이다.   - 아우렐리우스

영혼만이 우리들을 고상하게 만든다.   - 세네카

육신은 영혼의 고통거리이다. 그것은 지옥이요, 운명이요, 짐이요, 필연성이요, 강한 사슬이요, 고통스러운 벌이다.   - 팔라다스

정신은 모든 무기보다 더 우월하다.   - 오비디우스

생명이 없는 시체가 그처럼 값이 나가지 않는 이유는 정신이 더할 나위없이 고귀하기 때문이다.   - 호돈

위대한 정신은 큰 행운이 된다.　　　　　　　　　　- 세네카

나는 지금 영혼을 무엇에 사용하고 있는가? 우리는 언제나 이렇게 자문해 보아야 한다. 그리고 다음과 같이 자문해야 한다.— 즉 지금 나의 지배 성능(性能)이라고 말하는 영혼은 무엇을 파악하고 있는가? 그리고 나는 누구의 영혼을 가지고 있는가? 어린이의 영혼인가? 허약한 여자의 영혼인가? 가축의 영혼인가? 폭군의 영혼인가? 혹은 들짐승의 영혼인가?　　　　　　　　　　- 아우렐리우스

육체보다는 영혼을 치료하는 것이 더욱 필요하다. 불행한 인생보다는 죽음이 더 낫기 때문이다.　　　　　　- 에픽테토스

(하늘로) 올라가라, 올라가라, 내 영혼아! 내 거처는 높은 곳이다. 그러나 드러누운 육체는 이처럼 아래로 가라앉아 여기서 죽는다.　　　　　　　　　　　　　　　　　　　　- 셰익스피어

훌륭한 정신을 가진 것으로는 충분하지 않다. 중요한 것은 그것을 잘 사용하는 것이다.　　　　　　　　　　- 데카르트

서론을 길게 늘어놓고 본론 자체는 짧게 하는 것은 어리석은 일이다.　　　　　　　　　　　　　　　　　- 경외경(經外經)

동요하지 않는 정신(精神)은 역경(逆境)의 가장 좋은 양념이다.
- 플라우투스

비록 당신의 코트 자락이 불에 탄다 할지라도 정신을 한군데로 집중하라.
- J. M. 베리

고귀하게 해 주는 것은 정신이지 가문이 아니다. - 독일 격언

인간은 육체에 의해서가 아니라 영혼에 의해서 살아가는 것이다.
- 톨스토이

영혼은 사멸하지 않는다. 항상 그들의 첫 주소를 버리고 새주소를 찾아서 자기의 주거지로 삼는다. - 오비디우스

영혼이 자연과 결합해야 지성이 풍부해지고 상상력이 생긴다.
- 도로우

내 영혼은 네거리에 서 있는 여관과 같이 대문을 열어 젖히고 들어오고 싶은 사람은 모두 들어왔다. - 지이드

마음에 있지 않으면 보아도 보이지 않고, 들어도 들리지 않고, 먹어도 그 맛을 알지 못한다. 이리하여 몸을 닦는 것은 마음을 바로 잡는 데 있다고 이르는 것이다. - 대학(大學)

그녀를 이해하기 위해서는 프랑스의 젊은 남자의 거의 모두들보다 '종교적'인 것이 좀 더 필요했으리라. 종교적인 자유로운 영혼은, 종교적인 사람들에게 카톨릭의 전통 속에 있지만, 그것은 복종이며 정신적인 자유로운 움직임을 단념하는 것이다. (특히 여성에 관한 경우) 그런데 정신이 자유로운 사람들이 영혼의 깊은 요구라는 것을 생각한다는 것은 극히 드문 일이다.   - 로망 롤랑

모든 사람 속에서 자신을 발견할 때, 비로소 자기의 삶을 파악하는 것이다.   - 톨스토이

사람은 돈 지갑은 가난해도, 정신적으로는 긍지를 가질 수 있다.
      - J. 메이슨

영혼은 육체 없이는 존재할 수 없으며, 육체는 영혼의 묘비(墓碑)라는 것이다.   - 루크레티우스

영혼이 형태에서 눈을 돌려버리면 형태는 이미 불멸일 수는 없다. 불멸은 딴 곳으로 도망쳐 버린다.   - 로댕

위대한 정신(精神)은 육체(肉體)와 더불어 죽지 않는다.
      - R. 헤리크

정신을 늦추는 것은 정신을 잃는 것이다.   - 무소니우스

정신(精神)은 물질(物質)을 움직인다. － 베를리우스

영혼은 두 개의 눈을 가지고 있다. 한 눈은 시간을 보고, 한 눈은 영혼을 본다. － 시렌지우스

너의 죽은 영혼과 함께 사자(死者)들을 버리도록 하라. 너는 살아있는 자신의 영혼과 함께 살고 있는 그들을 또 다시 발견할 것이다. － 로망 롤랑

몸이 병든 사람과 마찬가지로, 마음이 병든 사람은 건강할 수 없다. － 키케로

행복해지려고 하는 마음의 소유자는 틀림없이 위대하다. － 영

모든 것은 비뚤어진 마음을 타락시킬 수 있다. － 오비디우스

사람은 정신적인 생활을 하고 있는 때에만 자유이다. 정신에 있어서는 죽음은 존재하지 않는다. 그러므로 정신적 생활을 하고 있는 사람은 죽음에서 해방되어 있다. － 톨스토이

남자와 여자는 두 개의 악보이다. 그것 없이는 인류 영혼의 악기(樂器)는 바르고 충분한 곡(曲)을 표현할 수 없다. － 마드지이니

part 10

욕망(慾望)에 대하여

Analects of the World

후회의 괭이로 일군 마음의 밭에서는 악한 욕망이 무성하게 자라기 쉽다.
- 모리악

진정한 욕망이 있어야 진정한 만족이 있다.
- 볼테르

마음을 한 곳에 머물게 하라. 하나를 위해 모든 것을 버려라. 자기 생활이 어떻다는 것을 느끼는 것은 악마가 엿보고 있는 것이다.
- 법구경

인간이란 욕망을 위해서 큰 모험을 시도하는 동물은 아니었던 것이다.
- 대망경세어록

욕망이 작으면 작을수록 인생은 행복하다. 이 말은 낡았지만 결코 모든 사람이 다 안다고 할 수 없는 진리이다.   - 톨스토이

물건을 탐내는 마음을 버려라. 사람의 가치는 재물이 많고 적고에 달려 있지 않다.   - 청담조사

새로운 것을 갈구하는 욕망과 그 욕망의 운행(運行)은 사람을 향상시키는 동시에 불행하게도 한다.   - 법구경

자극에의 욕구는 인간, 특히 남성에게 뿌리 깊게 존재하는 것이다. 수렵시대(狩獵時代)에는 이 욕구가 뒷시대와 비교해서 훨씬 간편하게 충족 되었으리라고 나는 생각했다. 사냥할 동물에의 추적, 전쟁, 구애(求愛) 등은 모두 사람의 마음을 뛰게 하는 것이다. 그러나 농경 시대에 들어오면서 생활은 차츰 권태로운 것이 되었다. 단 귀족 계급은 물론 이야기가 다르다. 이 계급은 그 뒤에도 오늘에 이르기까지 수렵시대를 탈피하지 않고 있으니까.   - 러셀

우리의 힘에 상응한 욕망을 가질 때만, 행복의 처녀는 자기의 몸을 우리에게 바치기를 주저하지 않을 것이다.   - 법구경

별을 따려고 손을 뻗는 사람은 자기 발밑의 꽃을 잊어버린다.
- J. 벤덤

가난한 사람은 너무 적게 가진 사람이 아니라, 더 많이 갈망하는 사람이다.
- 세네카

옹졸한 마음은 조그만 욕망 밖에 가지지 못한다. - G. 허버트

욕심 많은 사람에게는 거절할 이유가 극히 부족하지 않다.
- 푸블릴리우스 시루스

인간이란, 욕망 앞에서는 어린아이처럼 무력한 것이다.
- 대망경세어록

이 마음! 마음! 마음! 마음! 과연 알기 어려운 것이다. 모든 일에 주체성일 뿐이다. 이 마음! 아예 깨달음을 말라. 이 마음! 알고자 하면 벌써 둘이 되어 버린다. 둘이면서 또한 하나이며 하나이면서 둘이니 말이다.
- 청담조사

서두르지 말고 작은 이익에 한눈 팔지 말라. 서두르면 달성하지 못하고 작은 이익에 눈을 팔면 큰일에 성공하지 못한다.
- 공자

🗝 사람이 욕심이 많으면 의(義)를 결하고, 걱정이 많으면 슬기를 다치고, 두려움이 많으면 용기를 축낸다.   - 회남자

🗝 욕심 버리고 일하라. 남을 위해서 일하는 것 밖에 없다. 이 육체는 내가 아니니 완전히 내버리고 나면 육체를 위해 한 일은 아무 것도 없다. 이러한 정신으로 다만 내 이 본마음의 자세를 그대로 지니고 간직할 뿐, 오직 부모와 형제와 아내와 남편을 위해서 살고, 친구와 이웃을 위해서 일하라.   - 청담조사

🗝 남몰래 험악한 일을 하지 말며, '귀신은 어디 있느냐'고 하지 말고 착한 일을 행하여 덕을 쌓고, 욕심을 끊고 마음을 단련하라.   - 허균

🗝 폐하! 나는 자신이 완성할 수 있는 것 이상의 것을 항상 바라고 있음을 용서하십시오.   - 미켈란젤로

🗝 욕심을 버리고 무위의 심경이 되면 마음이 태평하고 여유가 있어지고, 타인과 경쟁하지 않는 처지에 서면 부귀도 빈천도 모두 같아진다. 순수함을 지니고 소박함을 잃지 않으면 욕심도 없고, 근심도 없다.   - 포박자

세상을 이해하려는 욕망과 세상을 개혁하려는 욕망은 진보의 두 가지 큰 원동력이다. 만약 이것이 없다면 인간사회는 정체(停滯) 하거나 혹은 퇴보할 것이다.
- 러셀

노예에게는 주인이 하나밖에 없지만, 야심가에게는 자기의 출세에 필요한 수 만큼의 주인이 있다.
- 라 브뤼에르

인간의 욕망은 내버려 두면 끝이 없다. 끝없는 욕망은 차라리 욕망이 없는 것보다 못하다. 자기의 욕망에 한계를 둔다는 것은 목표를 확실하게 한 것이나 똑같다.
- 괴테

욕망에서 행한 잘못은, 분노로 인해 저지른 잘못보다 더 큰 책망을 받아야 한다. 왜냐하면 분노로 인해 흥분한 사람은 일종의 괴로움과 무의식적인 구속으로 말미암아 이성에서 떠나는 것처럼 보이지만, 욕망으로 인해 잘못을 범한 사람은 쾌감에 의해 좌우되므로 그 비행이 어떤 의미에서는 더욱 무절제하고 또한 여성적이기 때문이다.
- 테오프라스토스

자유롭고 싶으면 자기의 욕망을 누를 수 있도록 자신을 훈련시켜라.
- 톨스토이

재물이 많고 길벗이 적으면, 위태한 길을 장사꾼이 피하는 것과 같이, 탐욕은 목숨을 위태롭게 하므로 어진 사람은 탐욕을 피하나니.
- 법구경

논과 밭은 잡초로 말미암아 손상(損傷)되고, 사람은 탐욕에 의해서 손상이 된다.
- 법구경

욕망은, 어떤 종류의 사람들에겐 눈을 멀게 하고, 어떤 종류의 사람들에겐 눈을 뜨게 한다.
- 라 로슈프코

싸움의 원인은 욕심이지. 욕심은 끝이 없는 것이니까. 그러기에 일단 싸우기 시작하면 수습이 안되는 어지러운 세상이 되는 거지.
- 대망경세어록

마음에 새겨라. 그대의 욕망을 억제하라. 그렇지 않으면 죄와 죄의 검은 시자(侍者)인 죽음이 그대를 엄습하리라.
- 밀턴

탐욕은 부(富)하고 겸손은 굶주린다는 말은 진실이다.
- 파에드루스

인간은 많이 가질수록 더 많이 가지고 싶어 한다.
- 플로리오

달성된 욕망은 욕망이 아니라, 불에 타고 남는 재(灰)와도 같을 뿐이다.
— W. 롤리 경

만족함을 알면 즐거울 것이요, 탐내기를 잘하면 근심이 생긴다.
— 경행록(景行錄)

자식의 악한 것은 아비가 쉽게 알 수 있으나, 사랑에 빠져 자식이 악한 것을 알지 못하고, 곡식 한 쌍의 풍성함을 농부는 쉽게 알 수 있지만 탐욕에 어두워 그것을 알지 못하니 진실로 애석한 일이다.
— 대학(大學)

마음 속에 욕망이 가득 차서 욕심이 그칠 줄 모르는 사람은 깊은 연못에 물결이 끓어오르는 것처럼 마음이 동요되어 침착하지 못하므로 언제나 마음이 공허해지지 않을 수 없다. 그러나 이러한 욕심이 없는 사람은 타는 듯한 혹서(酷暑)에 서늘한 바람이 불어 지나가는 것처럼 평온하기 때문에 약간의 불편함도 느끼지 않는다. — 채근담

완전하려는 욕망은 인간의 마음을 괴롭히는 어떠한 질병보다 더 무서운 질병이다.
— 퐁탄

'욕구를 버리라.'는 말은 욕구를 없애라는 말이 아니다. 이것은 욕구를 가지라는 말이다. 욕구의 방향을 선량하게 고치라는 말이다.
— 법구경

소량의 독약이 때에 따라서는 유쾌한 꿈을 가져다주지만, 다량의 독약은 마침내 안락사(安樂死)의 원인이 된다. — 니이체

초라한 마음에는 초라한 욕망이 있다. — G. 허버트

갖지 않았기에 갖고 싶다고 요구하지 말라. — 세네카

이웃집 밭의 곡식은 낟알이 훨씬 더 굵은 것 같고, 남의 집 암소는 훨씬 더 살쪄 보이는 법이다. 이러한 사람일수록 자기 집 암소나 곡식을 가꿀 줄 모른다. — 오비디우스

오만에 치우치지 말며, 욕망에 빠지지 않고, 뜻을 채우지 말며, 즐거움은 다하지 말라. — 예기(禮記)

뚱뚱한 배(탐욕)는 맑은 마음을 생기게 하지 않는다. — 성 제롬

짐승 중에 가장 비열한 것은 배(먹는 욕심)이다. — 그리스 격언

🗝 우리는 지나가고 싶지 않은 담장을 넘겨다보고 싶어 한다.
- 사무엘 존슨

🗝 욕심 때문에 마음이 어지럽혀 있을 때면 설사 백 년을 살더라도 그 보람은 없다. 욕심 없는 행실은 세상을 구하고 욕심 있는 행실은 사람을 울린다.
- 청담조사

🗝 애착과 소유의 욕망으로 살다 보면 이것이 습관이 되어 무서운 힘을 가지고 우리를 지배한다. 이 업에 의해서 다음 생이 좋게도 나쁘게도 결정된다.
- 청담조사

🗝 명성이란 결국, 새로운 이름 주위에 모여든 오해의 총합에 불과한 것이다.
- 릴케

모든 인간의 본성은 아는 것을 욕망한다. - 아리스토텔레스

🗝 탐욕스러운 사람은 나이를 먹어감에 따라 더욱 탐욕스러워질 것이다. 탐욕은 노경(老境)과 모순되지 않는 감정이기 때문이다. 그리고 그것은 그의 다른 감정들이 그에게서 떨어져 나감에 따라 더욱 탐욕스러워질 것이다.
- A. 트롤러프

🗝 욕심꾸러기는 죽을 때까지 아무 일도 해놓지 못한다. - T. 플러

성내지 말 것이며, 거만하지도 말라. 모든 애욕과 탐욕을 버려라. 정신에도 물질에도 집착하지 않으면 고요하고 편안해서 괴로움이 없다.
- 법구경

천진한 이 마음을 조작 없이 제대로 가지면 이 마음 이대로가 커다란 도이다. 모든 일에 욕심이 없이 제대로 걸어가면 산도, 물도 절로 꽃피고 새가 우니 모든 것이 자유롭다.
- 청담조사

욕망은 사람을 성공의 길로 나아가게도 하지만 실패의 길로 인도하기도 한다.
- 드라이든

오오, 그릇된 욕망이여! 그대는 나의 순수한 정신을 희미한 어둠 속으로 밀어 넣어 버린다.
- 지이드

위대한 인간이 되려면 무엇보다 이성이 필요하다. 그러므로 이성을 가장 소중하게 해야 할 것이다. 사람은 이 이성을 담배, 술, 아편으로 죽이는 쾌락을 찾고 있다. 그것은 나쁜 생활을 할 때 이성을 죽이지 않으면 그것이 나쁜 생활이라고 이성이 일깨워 주기 때문이다.
- 톨스토이

가장 적은 욕심을 가지고 있어서 나는 가장 신(神)에 가까운 것이다.
- 소크라테스

남자의 욕망은 여자 때문이지만, 여자의 욕망은 남자의 욕망과는 또 다르다.
- 코울리지

아무 것도 탐내지 않는 것보다 더 강한 힘은 없다. 하지만 그것은 필요치 않다. 필요한 것은 신이 탐내는 일이다. 즉 자기를 부정함으로서 자기희생으로 발전해 나가는 일이다.
- 아미엘

우리의 참다운 행복은 육체나 물질적인 욕구를 충족시켰다고 해서 찾아오는 것이 아니다. 그것은 모두 속아서 사는 생활이다. 마음을 깨치지 못해서 현실을 잘못 보고 미래를 잘못 진단해서 속이 좁은 소인에게 자기의 진귀한 보배를 사기당한 생활이다. 우리가 오직 구해야 될 것이 있다면 마음의 밝은 원리를 깨우쳐야 하는 일이며, 육체와 현실은 모두 꿈이고, 착각이고, 마음의 그림자임을 깨닫는 일이다.
- 청담조사

돈이 불어남에 따라 더 큰 부자에 대한 욕망과 근심이 따라온다.
- 호라티우스

바다는 바람이 자면 잔잔하다. 이처럼 열망이 더 이상 없으면 우리도 평온하다.
- 뮐러

우리는 욕망에 의해 사물을 변형시키는데 성공하지 못하고, 결국 우리 욕망이 변하게 된다.
- 프로스트

죄악의 어머니인 탐욕(貪慾)은, 많이 가질수록 더욱 탐욕스러워지며 언제나 입을 벌리고 황금(黃金)을 탐한다.
- 클라우디아누스

욕심을 버리고 집착을 벗어나 삼계(三界)의 속박을 벗어나서 유혹을 물리쳐 욕망을 버린 사람이야말로 가장 뛰어난 사람이다.
- 법구경

너무나 많은 것을 할 수 있는 자는, 자기 능력 이상의 것을 하려고 욕심을 부린다.
- 세네카

재산은 결코 영혼의 만족을 주는 것이 아니다. 점점 모여 가는데 따라서 사람의 욕심도 늘어가는 것이다. 재산으로 인해 일어나는 여러 가지 욕심을 억제하고 적게 탐내서 오래도록 재산을 지닐 수 있는 방침을 세워 놓아야 한다. 그것이 처음에 모으는 것보다 더 어렵고 힘든 일이다.
- 채근담

🗝 인간은 모두 오래 살고 싶어 하고, 나이를 먹고 싶어 하지 않는다. 이러한 사람일수록 나이를 많이 먹어도 자기가 늙었다는 것을 깨닫지 못한다. 이것도 하나의 욕심이다. - 프랭클린

🗝 솜씨가 좋다는 평을 얻기 위한 욕심은 대체로 솜씨 있게 하는 일에 방해가 될 뿐이다. - 라 로슈프코

🗝 강한 욕망을 버리고자 하거든 욕망의 어머니인 사치를 버려라. - 키케로

🗝 일반적으로 도를 닦는 사람은 마른 풀을 가진 것과 같아서 불이 오면 당연히 피해야 하는 것과 같이, 도인(道人)도 욕심을 보거든 마땅히 멀리할 것이다. - 법구경

🗝 사람의 일생은 무거운 짐을 지고 먼 길을 가는 것과 같다. 서두르지 말지어다…… 부자유를 일상의 일로 생각하면 그렇게 부족한 것은 없는 법이야. 마음에 욕망이 솟거든 곤궁했을 때를 생각할 지어다. - 대망경세어록

🗝 나의 마음에서 찬양에 대한 고약한 욕망을 몰아내어 결백하게 하소서. 아니면 이름 없이 죽게하든가. 오 거짓없는 명성을 주소서. 아니면 아무것도 내리지 마소서. - 포우프

남이 부유함을 부러워하지 말고, 나의 가난을 한탄하지 않으며, 오직 삼가야 할 것은 탐욕이며, 두려워할 것은 교만이다.
― 코바야시 잇사

욕심이 지나쳐서 망하는 사람은 있어도 욕심이 없어서 위급(危急)에 몰리는 사람은 없다.
― 회남자

새로운 것을 원하는 욕망과 그 욕망의 운행은, 사람을 향상시키는 동시에 불행하게도 한다.
― 법구경

모든 동물의 가장 격렬한 욕망은 육욕(肉慾)과 식욕이다.
― 에디슨

효용성이란 항상 일시적이고, 국부적인 것이다. 그것은 그 자신이 궁극의 목적으로서, 일정한 욕구 충동에서 오는 것이기 때문이다. 따라서 하나의 욕구가 충족될 때, 그것은 곧 버림을 받는다. 그럼에도 불구하고 그 존재 가치를 고집하고, 유지하려 할 때는 우리 생명의 견디기 어려운 무거운 짐이 되는 것이다.
― 법구경

그대가 소유하고 있지 않은 것에 대해서는, 그대가 소유하고 있는 것만큼 관심을 갖지 말아야 한다. 그러나 그대가 가지고 있는 사물에 대해서는 최선의 것을 선택할 일이다. 만약 여의치 않아서 그대가 그것을 소유하지 못했다면, 사람들이 그것을 얼마나 열심히 손에 넣으려고 하였을까, 하고 반성할 일이다. 하지만 그런 사물이 탐난 나머지 그것을 과대평가하여 그것을 잃었을 경우에 과히 상심하는 일이 없도록 주의해야 한다.　　　　　　　　　　－ 아우렐리우스

우리는 우리의 모든 것을 소유하려는 욕구를 가졌다. 동시에 우리는 행복까지도 나누어 주고 싶어하는 욕구를 가졌다.　　　－ 법구경

우리들을 가장 강하게 붙잡는 욕망은 음란(淫亂)한 욕망이다. 이 음란한 욕망은 절대로 만족되는 일은 없다. 또 만족하면 만족할 수록 더욱 더 커지는 것이다.　　　　　　　　－ 톨스토이

노예가 살려고 애쓰는가 보라, 무엇보다도 먼저 그는 사슬에서 풀리기를 원한다. 그는 그것 없이는 자유도 행복도 없다고 생각한다. 그러나 노예가 모든 불행에서 참으로 자유롭게 되기를 바란다면, 자성(自省)하는 바가 있어야 한다. 무엇이 인간의 참된 행복인가를 깨달아야 한다. 자기 인생의 한 걸음 한 걸음을 마음속에 남게 할 수 있도록, 참(眞)과 선(善)의 법칙을 따라서 걸어 나갈 줄 알아야 한다. 그런 연후에 그는 비로소 참된 자유를 얻게 될 것이다.
— 에픽테토스

무지(無知)한 자의 정욕(情慾)은 끊임없이 커가는 것이다. 풀덤불 모양으로 쉼 없이 뻗어 나간다. 그리하여 그는 열매를 찾아 이 나무에서 저 나무로 옮겨 다니는 원숭이 모양으로 생활에서 생활로 방황을 한다. 이러한 저열(低劣)한 정욕에 사로잡힌 사람의 주위에는 둘둘 휘어 감긴 나팔꽃 덩굴처럼 괴로움의 덤불이 휘감겨 있다. 이 지상(地上)에서 이처럼 억센 마력(魔力)을 가진 정욕을 이겨 나가는 사람에게 있어서는 연꽃잎에서 빗방울이 굴러 떨어지듯이 모든 괴로움은 굴러 떨어지고 마는 법이다.
— 불타(佛陀)

사람들이 탐욕(貪慾)에 빠지고, 또는 소요와 고뇌로써 행하는 일은, 모두가 악(惡)한 일이다. 착한 일은 평화로운 환경에서만 이루어지는 것이다.
— 톨스토이

223

그대가 순진하고 맑고 결백한 마음을 간직했다면, 열 개의 진주 목걸이보다도 더 그대 행복을 위한 빛이 될 것이다. 그대가 비록 지금 불행한 환경에 있더라도, 만약 그대 마음이 진실하다면, 아직 힘찬 행복을 간직하고 있는 것이다. 왜냐하면, 진실한 마음에서만 인생을 헤쳐 나갈 힘찬 지혜가 우러나오기 때문이다.

― 페스탈로찌

part 11

용기(勇氣)에 대하여

Analects of the World

참된 용기는 제 3의 목격자가 없을 때 나타난다. - 라 로슈프코

정치적 용기 있는 행동을 방해하고, 양심을 포기 또는 억압하는 일을 의원들로 하여금 부득이하게 하는 무서운 압력을, 아메리카 국민이 좀 더 잘 이해한다면, 안이한 길을 택하는 자들에겐 더욱 관대 하게 될 것이며, 또한 용기 있는 자에겐 더욱 깊은 감명을 받을 것이다. - 케네디

겁쟁이의 공포는 겁쟁이를 용감하게 한다. - 펠섬

참된 용기는 종교적인 사람에게서만 나온다. 종교적인 사람은 세상을 있는 그대로 받아들인다. - 브하그완

권태에의 용기—자기 와 자기의 일에 대해서 권태를 느낄 정도의 용기를 가지지 않는 자는 예술이나 과학상에서 확실히 일류의 정신을 소유했다고는 할 수 없다. － 니이체

용기란 우리들 인간이 행복을 누리는 데 있어서 하나의 중요한 구실을 하는 요소이기도 한 것이다. － 쇼펜하우어

정치는, 용기에 특수한 시련을 부과하는 하나의 씨름판에 불과하다. 인생의 어떠한 영역이든 우리들은 용기에의 시련에 조우하게 되는 법이다. 양심에 따를 때 우리가 직면하는 희생이 어떤 것이 되던, 친구나 재산이나 안락을 잃어버리고, 더구나 동료들의 존경조차 상실하게 되는 일이 있더라도 우리 들은 나아가야 할 길을 결단하지 않으면 안 된다. － 케네디

우리는 결코 잊어서는 안 될 하나의 사실이 있다. 즉 우리가 현재 놓여 있는 어려움의 시기를, 우리가 알지 못하는 어떤 사람은 능히 이겨내고 있다는 것이다. 어려움의 시기는 누구에게나 있다. 강한 사람은 거기에 굴하지 않고 역경(逆境)을 뚫고 나가 성공에 이르렀다. － 스피노자

여자는 용기로도 정복할 수 있을 뿐 아니라 예의로도 정복할 수 있다.
- A. 테니슨

겁쟁이 개는 물지 않고 세차게 짖는 것이다.
- 루프스

위대한 인격은 직접적일 뿐 아니라, 계속적이고 점진적이며, 영원한 대리자를 삼기 위해 마련해 준 신의 분배물이다.
- E. 에버레트

고상한 정신으로 두려움을 가라앉히며 자연히 움츠러들게 하는 위험에 용감히 도전하는 사람이 곧 용감한 사람이다.
- J. 베일리

영광과 함께 살고 영광과 함께 죽는 것은 용자(勇者)의 본분이다.
- 소포클레스

용기는 다른 미덕과 같이 한계가 있다.
- 몽테뉴

겁쟁이는 죽기 전에 여러 번 죽지만, 용감한 사람은 단 한번 죽음을 맛본다.
- 셰익스피어

모든 덕(德) 가운데서 가장 힘세고 고결하고 가장 자랑스러운 것은 진정한 용기다.
- 몽테뉴

절제 없는 용기는 나쁜 데로 커진다.   - 에디슨

용감한 사람은 맨 처음부터 용감하다.   - 코르네이유

시련 속에서의 침착과 용기는 성공을 확보하는 데에 군대보다 더 낫다.   - J. 드라이든

앞으로 대단히 용기 있는 자가 아니면 강력한 적과의 싸움에서 우리들이 살아가는데 필요한 곤란하고 인기 없는 결정을 할 수 없게 된다.   - 케네디

용기를 보여주고, 자신을 가져라.   - 셰익스피어

자신은 자신을 낳는다.   - 라틴 격언

우리들에게 이론을 위한 용기는 풍부하지만, 실천을 위한 용기는 풍부하지 않다.   - H. 켈러

삶이 죽음보다 두려운 곳에서는 굳이 살아가는 것이 가장 진정한 용기다.   - 브라운

불행 속에서도 용기를 고취시키면 도움이 된다.   - 플라우투스

🗝 용감하게 되는 것은 내일이라도 늦지 않다.   - L. A. 아미스테드

🗝 쓸쓸할 때 허전해 하고, 울고 싶을 때 운다 고 하면, 제법 대단하게 들리지만, 그것이 실은 세상의 험악함에서 몸을 피하려는 조그만 도피란 말이오. 당당하게 이 세상의 형세에 화를 내면서 살아가지 못하는 약자의 체념이지.   - 대망경세어록

🗝 인생이 죽음보다 무서운 곳에서는, 감히 사는 것이 최후의 용기이다.   - 토머스 브라운

🗝 용기의 시련은 죽는 것이 아니라 사는 것이다.   - 알피에리

🗝 용기가 있는 곳에 희망이 있다.   - 타키투스

🗝 남자의 용기는 속박으로부터 벗어나는 데 있지만, 여자의 용기는 속박을 참아내는 데 있다.   - 프랑스와 기조의 부인

🗝 공포와 용기가 어떻게 가까이 공존(共存)해 있는가에 대해서는, 적을 향해 돌진하는 사람이 가장 잘 알고 있을 것이다.   - 모르겐시테른

용기가, 그것이 만약 정당한 것이라면 모든 것에 승리할 수 있습니다.
- 베토벤

진정한 용기는 일이 생기는 것을 태평스럽게 기다리는 데 있지 않다. 오히려 한시 바삐 그것을 알려고 뛰어가며, 또 그것을 감수(甘受)하려는데 있다.
- 마르탱 뒤 가르

의를 보고 행하지 않는 것은 참으로 용기가 없는 것이다.
- 논어

용기는 언제나 나팔소리로 부풀은 풍채로 행군하지 않으며, 허세의 옷으로 만들어지지도 않는다.
- F. 로드먼

가족, 친구, 조국, 모든 사람들을 위해서 힘을 써라. 들뜬 마음, 나약함을 물리쳐라. 용기를 가져라. 강하라. 즉 남자가 되라.
- 아미엘

세상은 꺾어지지 않는 용기와 날카로운 칼을 가진 사람들에게 계속 번뜩이는 상패를 준다.
- 스미드

굳이 어리석게 보인다는 것은 크나 큰 지혜다. 그러나 그러기 위해서는 나에게 항상 결여되어 있던 어떤 종류의 용기를 필요로 한다.
- 지이드

겁쟁이는 자기 자신을 신중한 자라고 한다.　　　- 시러스

용감한 삶은 결코 무기를 원하지 않는다.　　　- T. 풀러

싸움에서 용기는 너무 흔하다. 심지어 개들도 그것을 가지고 있다. 그러나 선의(善意)의 인생에서 궁극적인 패배에 직면할 수 있는 용기……그것은 좀 다르다. 그것이야말로 진정한 용기다.　　　- H. M. 톰린슨

우리는 우리의 일기에서조차 고백을 피하지 않으면 안 되는 것일까? 사람은 다 같은 사람이기에 남이 두려울 것이 없고, 자기가 부끄럽지 않다면, 문자(文字)의 유무(有無)에 무슨 상관이 있으랴, 먼저 자기 자신을 드러내는 용기를 배우자. 그것이 곧 위선이 습관화되는 것을 미리 막는 방지책인 것이다.　　　- 법구경

용기는 불운(不運)을 극복한다.　　　- 동양 격언

죽는 것보다 괴로워하는 편이 용기를 더 필요케 한다.　　　- 나폴레옹

전쟁이란 원래 위험한 것이다. 그러므로 용기야말로 군인에게는 제일 가는 미덕이다.　　　- 클라우제빗츠

결단력(決斷力)과 강인한 의지력(意志力)을 뒷받침해 주는 것이 바로 용기이다.
- 클라우제빗츠

때로 용기는 정복자의 마음조차 움직인다. - 베르질리우스

신은 용기 있는 사람에게 행운을 가져다 준다. - 한니발

용기는 두려워서 반쯤 죽을 것처럼 되어있을 경우에도 그 상황(商況)에 알맞은 행동을 취할 수 있는 능력이다. - 브래드리

재산을 잃은 아픔은 적다. 희망을 잃은 아픔은 크다. 그러나 무엇보다도 용기를 잃게 되면 모든 것을 다 잃는다. - 동양 격언

용기 중에서도 도덕적 용기는 최고의 미덕이다. - 글라우제빗츠

용기는 모든 미덕의 근본이며 대표적인 요건이다. 악하면서도 용감할 수 있을지 모르지만 용기 없이는 선(善)할 수 없다. - 모란

불행 속에서 용기를 불러 일으키면 도움이 된다. - 플라우투스

겁쟁이란 위험한 긴급 사태에서 다리로 생각을 하려는 사람.
- 비어스

져 주는 것이야말로 가장 큰 용기이다.   - 노자(老子)

용기는 자기를 회복할 수 있는 능력에 있다.   - 에머슨

남자라면 슬픔 없는 인생을 신에게 요구하지 말고, 오래 견디는 용기를 달라고 하라.   - 메난드로스

행운의 여신은 용감한 사람을 돕는다.   - 테렌티우스

용기 없는 사람이 자기의 업적을 자랑하면, 그를 아는 사람들에게는 비웃음거리가 된다.   - 파에드루스

초조가 세상을 덮고 있다. 그것은 모든 사람이 자기 자신으로부터 도망하는 중에 있기 때문이다.   - 니이체

우리들은 진실로 용기 있는 인간이었던가? 즉 적에 대항하는 용기 이외에, 필요한 경우엔 자기 동료들에 대해서도 저항할 만큼의 용기, 혹은 사리사욕에 저항하는 것뿐만 아니라 공중의 압력에도 저항할 용기의 소유자였던가?   - 케네디

세론과 더불어 생각하는 사람은 모두가 스스로 눈을 가리고 자기의 귀에 마개를 하고 있는 것이다.   - 니이체

용감한 사람은 죽은 사람이나 패배한 사람과는 결코 싸우지 않는다.
- 베르질리우스

용기는 가장 좋은 선물이다. 용기는 모든 것에 우선한다. 우리의 자유와 안전과 생명과 가정과 부모와 조국과 자식들을 보호해 주는 것이 용기이며, 용기는 또한 모든 것을 포함한다. 용기를 지닌 사람은 모든 축복을 갖는다.
- 플라우트스

모든 미덕의 절정에 달한 이름이 용기이다.
- 처어칠

용기는 모든 것을 제어한다. 그것은 육체에 힘조차 부여하리라.
- 오비디우스

용기는 공포심을 불러일으키는 대상을 경멸한다.
- 세네카

용기도 나태라는 달콤한 독물에 조금씩 중독되면 무기력해진다.
- 실리우스 이탈리쿠스

굳은 신념을 가진다는 것은 인간에게 있어서 무엇보다도 중요한 일이다. 하지만 아무리 신념이 굳다 할지라도 다만 침묵하고 가슴 속에 품은 채 넣어 두어서는 아무 것도 안 된다. 어떠한 대가를 지불하더라도 그렇다. 죽음을 걸고라도 반드시 자기의 신념을 발표하고 실행한다는 용기가 필요하다. 여기에 비로소 자기가 가진 신념이 생명을 가지게 되는 것이다.
- 로올리

만약 아름다운 눈썹 밑에 눈물이 고여서 넘치려고 하거든 그것이 흘러내리지 않도록 굳센 용기를 가지고 견디어라. 걸어가는 길이 어느 곳은 높아지고 어느 곳은 낮아져서 올바른 길의 분별이 어려운 이 세상에서의 너의 여로가 굳건한 걸음이 되지 못한다 할지라도, 용기의 힘은 항상 올바른 방향으로 너를 전진시킬 것이다.
- 베토벤

우리들 중에서 제일 용기에 가득찬 자까지도 자기가 정말로 알고 있는 것에 대한 용기를 가지는 일은 그리 흔하지 않다.
- 니이체

완전한 용기와 완전한 비겁은 가끔 일어나는 양극단이다.
- 라 로슈프코

위대한 인간과 강은 꾸불구불하게 전진한다. 꾸불꾸불 하지만 폭포에 다가간다. 이것이 그들의 용기인 것이다. - 니이체

사람은 비로소 자기 목숨을 완전히 내던졌을 때에 야릇한 용기를 갖게 되는 법이다. 그렇다고 해서 그 용기와 평소의 자기와는 아무 관련이 없다고 생각하는 것은 잘못이다. 평소의 단련이 아니면 그 용기도 역시 거칠어지기 마련이며 평소의 연마가 치밀하게 되면 그 용기도 치밀한 것이 되게 된다. - 대망경세어록

회피하는 한 두려움은 영원하다. 기다리는 한 기회는 달아난다. 한 번 부딪혀 보라. 돌입해 보라! 현실의 교재는 살아 있다. - 법구경

우리들은 용감한 행위에 의해서 죽은 사람들을 경시하지 말며, 용기를 지니고 산 사람들의 행위를 망각해서는 안 된다. 용기 있는 인생은 최후 순간에 극적인 눈부심은 없다. 그러나 그럼에도 불구하고 과거의 용기에 대한 이야기는 모두에게 희망을 주고, 감각을 용솟음치게 하는 것이다. 용기를 위해서 각자는 자기 영혼을 응시하지 않으면 안 된다. - 케네디

화를 내면서 살아가는 것이 얼마나 필요한지를 한번 생각해 보시오. 흥, 그런 용기도 없는 작자가 깨달음이니 뭐니 하며 조그만 데서 스스로 가장하고 속인단 말이오.
- 대망경세어록

정치가가 스스로를 높이 믿고, 그의 자존심이 용기와 양심의 길로 나아갈 것을 요구할 때, 모든 것이 이롭게 되는 것이다.
- 케네디

인간이 사나이답다는 것은 단지 용기나 힘으로 성립된다고 생각하지 말라. 만약 그대가 노여움을 억제할 수 있고 남을 용서할 수 있다면 그대는 그 힘이나 용기보다도 훨씬 더 사나이다워질 것이다.
- 페르시아 격언

금(金)은 불에 의해서 시험되고 용자는 역경에 의해서 시험된다.
- 세네카

내 자신이 어두우면 동시에 세상이 모두 어둡다. 내 마음의 눈을 뜨게 하라! 길을 열어줄 것이다. 모든 훌륭한 사람의 마음의 자취를 당신 가슴 속에 다시 일깨우도록 하라! 거기서 얻는 즐거움과 만족은 당신의 승리를 상징하는 것이다.
- 존 러스킨

흥분이란 지각없는 하나의 실신 상태이다. 감정을 몹시 흥분시키는 어리석은 행위에서 벗어나려면, 흥분이란 병의 이유나 이름을 따질 것이 아니라 인내와 이해라는 약으로 견디지 않으면 안 된다고 믿으면 된다. 그렇게만 믿으면 쓸데없는 흥분은 가벼운 체증처럼 이론을 캘 필요도 없는 우울증과 같이 얼마 가지 않아서 마음이 가라앉고 편해진다.
- 알랑

남에게 모욕을 당해도 그 모욕을 참고, 조금도 보복을 꾀하지 않는 사람은 이 세상에서 가장 위대한 승리를 얻는 사람이다.
- 제네이오란

참다운 용기를 가진 사람도 경우에 따라서는 겁 많은 사람처럼 보이고, 참다운 지혜를 가진 사람도 때에 따라서는 어리석게 보인다. 그러나 그것은 대수롭지 않은 일에 기세를 올리지 않고 다른 사람 앞에서 아는 척하지 않기 때문이다.
- 동양 명언

우리는 언제나 자기 자신에게 물어 보아야 한다. 만일 남들이 내가 하고자 하는 일을 할 경우에 그 결과가 어떻게 올 것이냐 하고……
- 사르트르

희망이 달아날지언정 용기마저 놓쳐서는 안 된다. 희망은 이따금 우리를 속일 때가 있지만, 용기는 우리를 속이지도 않을 뿐만 아니라 힘을 북돋아 주는 약이 된다.   - 채근담

행운을 지탱하기 위해서는 악운에 대처하는 경우 이상으로 크나큰 용기를 필요로 한다.   - 라 로슈프코

용기란 것은 살아있는 물건이다. 용기는 한 개의 조직체이기도 하다. 그렇기 때문에 총포를 손질하는 것과 같이 용기도 손질해 주어야 한다.   - 말로

힘은 희망을 가지는 사람들에게 있고, 용기는 자신의 의지에서 일어나는 것이다.   - 펄벅

폭풍우 속에서만 창해의 예술미를 충분히 맛볼 수 있다. 전쟁에 있어서만 군대의 용감함을 경험한다. 인간의 용기는 그 사람이 곤란하고 위험한 경우에 빠졌을 때에만 알 수가 있는 것이다.   - 다니엘

우리가 바라고 소중히 여기는 용기는 떳떳하지 못하게 죽는 용기가 아니라 씩씩하게 살아가는 용기인 것이다.   - 카알라일

용기란 우리 인간이 행복을 누리는 데 있어서 하나의 중요한 구실을 하는 요소이기도 한 것이다.
- 쇼펜하우어

용감한 사람일수록 자신의 운명은 자신이 만들어낸다.
- 세르반테스

인생에게는 확실히 어떻게 할 수 없는 무엇인가가 있다. 어떠한 곤란에도 어떠한 악인연에도 따라오는 원인은 반드시 있다. 그 원 뿌리를 끊는 각오가 용기이며 그 용기를 갖는자만이 다음의 착한 일을 쌓아 올려 곤란한 일을 당했을 때 이겨낼 수 있는 것이다.
- 대망경세어록

새는 알에서 벗어나려고 바둥거린다. 알은 곧 세계다. 새로 탄생하기를 원한다면 한 세계를 파괴하지 않으면 안 된다.
- 헤세

곤란이 예상하는 것보다 더 심히 너를 궁지로 몰아넣지 않도록 어려움에 부딪칠 용기를 가져라.
- 스타니슬라우스

part 12

운명(運命)에 대하여

Analects of the World

호운(好運)은 잃어버려질 때까지는 알지 못한다.　　－ 세르반테스

운명은 말없는 벙어리이다.　　－ 에우리피데스

현명한 사람은 자기에게 주어진 기회를 행운으로 연결시킨다.
　　－ T. 플러

인간들은 행복과 불행은 모두 운명에 달렸다고 여기고 있다. 그러나 실제로 운명은 우리를 행복하게 만들지도 않거니와 불행에 빠뜨리지도 않는다. 운명이란 우리에게 기회와 재료와 씨를 제공할 뿐이다.　　－ 몽테뉴

운명은 용감한 자(者)를 사랑한다.
- 베를리우스

너의 운명은 너 자신의 가슴 속에 있다.
- 쉴러

태양이 빛나는 것과 폭풍우가 불어 닥치는 것은, 같은 하늘의 틀리는 표정에 지나지 않는다. 달든 쓰든 운명을 좋은 양식으로서 사용되게 하자.
- 헤세

인간의 운명이여, 어쩌면 너는 그렇게 바람과 흡사하냐.
- 괴테

만약 이 세상에 숙명이란 것이 있다면, 그것은 자기가 스스로 결정짓지 못하는 가운데 비추어지는 모든 현상이라 하겠다.
- 로망 롤랑

운명이란 어떤 인(因)에서 오는 과(果)일 것이다. 그러므로 그에 대한 불평불만은, 그 인이 자작(自作)의 인이라는 것을 자각하지 못하는 데서 오는 것이다.
- 법구비유경

기회가 두 번 다시 그대의 방 문을 두드린다고 생각하지 말라.
- 샹포르

기회는 모든 사람을 방문하지만, 그것을 활용하는 사람은 소수이다.
- 블루버 리튼

인간의 일생에 대해, 또 그의 운명 전체에 대해 결정하는 것은 순간뿐이다.
- 괴테

뜻하지 않았던 운명의 함정. 발버둥 치면 칠수록, 화를 내면 낼수록 그 함정의 입은 벌어지는 것이다.
- 대망경세어록

어떤 인간이건 대개 인간에게는, 던져진 공과 같이 굴러갈 궤도(軌道)가 정해져 있다.
- 헤세

인간은 운명에 몸을 맡길 수는 있지만, 여기에 대항해서 항거할 수는 없다. 그리고 인간은 운명이라고 하는 천을 짤 수 있지만 그것을 끊을 수는 없다.
- 마키아벨리

운명은 언제나 그를 위하여 보다 더 훌륭한 성공을 준비하고 있는 법이다. 따라서 오늘 실패한 사람이 내일에 가서는 성공하는 법이다.
- 세르반테스

인간을 괴롭히려고 인간을 생존에 비끌어 매어두고 있는 운명의 법칙은, 도대체 무엇 때문일까? 인간에게 생명을 사랑하도록 해 놓고서 그 위에 실로 참담한 생명을 부여하는 이 영원한 속임은 무엇 때문일까?
- 로댕

고향 상실이 세계의 운명이다. 그러므로 이 운명을 존재사적으로 사색할 필요가 있다.
- 하이데커

인생이란 원래 타인은 두 말할 것도 없고 육친의 희생 위에 쌓여지는 번영에 불과하다. 형제 자매 중 누가 번영하고 누가 그 거름이 되는가는, 실로 도저히 예측할 수 없는 '운명'의 하나인 것이다.
- 대망경세어록

인간은, 자기 일생은 자기 자신이 이끌어 간다고 생각하고 있다. 그러나 마음 깊숙이 운명이 이끄는 대로 인생이 항거할 수 없는 것을 지니고 있다.
- 괴테

대개의 사람들은 운명에게 지나친 요구를 함으로써 스스로 불만의 씨를 뿌리고 있다.
- 훔볼트

나는 운명의 모가지를 비틀어 줄 테다. 결코 운명에 압도되지 않으리라. 이 인생을 천 배나 더 살 수 있다면 얼마나 멋질까.
- 베토벤

🗝 운명은, 그것을 탄 사람일 경우 일체를 복으로 전환시켜준다.
- 라 로슈프코

🗝 자기의 운명 이외에 아무 것도 갈구하지 않는 인간은 친구를 가져서는 안 된다. 그는 고독하고 주위의 냉대만을 가졌을 뿐이다. 운명만을 원하는 인간은 본보기로 이상도 필요 없고 사랑할 것도 위로될 것도 필요하지 않다. 우리는 엉뚱한 말을 내세우기도 하고 반항도 하며 이상한 것을 원하기도 하는 이러한 것들을 물리쳐야만 한다.
- 헤세

🗝 현재의 운명에 너 자신을 맞추고 옷감에 맞게 너의 옷을 지어라.
- R. 버튼

🗝 인간은 각자 모두 자신의 운명을 손에 쥐고 있다. 완전히 자신의 작품이며 자기의 것인 생활을 창조하지 않으면 안 된다.
- 헤세

🗝 총명한 사람은 스스로 발견하는 것보다 많은 기회를 만든다.
- 베이컨

🗝 운명은 친절하지가 않고, 인생은 변덕스럽고 냉혹하였다.
- 헤세

🗝 운이란 무엇인가? 세상에는 운(運)이라는 것이 없다. 오로지 시련, 또는 형벌 또는 보상과 선견이 있을 뿐이다.
- 볼테르

🗝 운명은 결코 믿을 것이 못된다. — 샤르트르

🗝 운명아! 힘을 보여라. 인간은 자신이 자신을 어찌할 수도 없는 것이다. 될대로 될 뿐이다. — 베토벤

🗝 사람은 평탄한 길을 걷다가 쓰러질 때도 있다. 인간의 운명도 그러한 것이다. 그래서 인간은, 노력을 다한 후에 천명을 기다려야 한다는 것이다. — 체홉

🗝 자기 자신을 믿어야 한다. 자기 천명을 분명히 인식하고, 그것을 위해선 모든 것을 희생할 수 있다는 사람만이 확고한 생활을 가지고 있다. 자기의 힘을 인식하고 자기의 천명에 따르는 일이 가장 중요하다. — 마르탕 뒤 가아르

🗝 정말 인생에는 어째서 이다지도 짓궂은 운명의 복병이 있는 것일까? — 대망경세어록

🗝 가장 비참한 운명은 안전하다. 왜냐하면 더 이상 더 나빠질 걱정이 없으니까. — 오비디우스

🗝 이렇게 운명은 문을 두드린다. — 베토벤

운명을 사랑하고 미워함이 우리의 행복의 결정에 무슨 힘이 있으랴!
- 법구경

행운의 여신이 그대에게 미소를 지을 때 주저 말고 그녀를 껴안으라!
- T. 플러

불운을 참는 것은 쉬운 일이지만, 그것을 끝까지 견디는 것은 참으로 어려운 일이다.
- 디오게네스

운명은 행동력이 약한 자의 변명의 도구이다.
- 힐티

행복하게 보이는 사람도 죽는 것을 보기 전에는 부러워하지 말라. 운명은 그날에 한정된 것이니까.
- 에우리피데스

운명은, 우리 행위의 절반을 지배하고, 나머지 절반은 우리 자신에게 맡긴다.
- 마키아벨리

운명과 싸우는 것은 헛된 짓이다.
- 미들턴

어떤 사람이건 자기 자신의 운명의 건설자이다.
- 크로디아누스

어차피 죽어야할 운명이라면 용감히 운명에 따라야 한다. - 타키투스

천국으로 들어가는 문에는 이렇게 쓰여 있다. '운명에 굴복하는 얼 빠진 자들에게 슬픔이 있으리니!' - 에머슨

운명이 사람을 다스리지 않는다. - 헤로도투스

인간의 운명은 인간의 수중에 있다. - 사르트르

잘 잡은 기회는, 유일의 무기이다. - J. 유들

자기 자신을 기꺼이 운명의 여신 크로토우에게 맡겨서 그녀가 그대의 실을 마음대로 짜도록 하라. - 아우렐리우스

이상을 추구하면서 싸우는 사람을 나는 존경한다. 현실에 있어서 성공하는 사람도 나는 존경한다. 하지만 이상도 현실도 선택하지 않고 오직 현실이라는 최고의 이상과 결혼하는 사람을 나는 가장 존경한다. - 데카르트

절대로 꾸물거리지 말라. 위대한 행운의 기회는 매우 짧은 것이다.
- 실리우스 이탈리우스

적이 없는 사람의 운명은 틀림없이 불행한 운명이다.
- 푸블릴리우스 시루스

하나의 경험, 하나의 운명을 산다는 것은 전적으로 그것을 받아들인다는 것이다. - 까뮈

인간의 운명과 사명을 결정하는 것은 반드시 희망이 아니고 미리 정해진 숙명이 아닐는지. - 헤세

운(運)은 가끔 문을 두드리지만, 어리석은 자는 문 안에 들이지를 않는다. - 외국 속담

좋은 기회는 신의 닉네임이다. - 샹포르

기회가 너에게 두 번 문을 두드린다고 생각하지 말라. - 샘포르

스스로 돕지 않는 자에게는 기회도 힘도 그를 돕지 않는다.
- 소포클레스

기어가는 것이 내 운명이라면 기꺼이 기어갈 것이고, 날아가는 것이 내 운명이라면 재빨리 날아갈 테다. 그러나 그것을 피할 수 있으면 나는 결코 불행하지 않을 것이다. - S. 스미드

행운의 여신이 지나치게 사람에게 호의를 베풀 때는 그 사람을 바보로 만든다.   - 푸블릴리우스 시루스

대체로 사람의 행위에는 적시(適時)라는 것이 있다. 밀물을 잘 타면 운이 열린다.   - 셰익스피어

만약 기회가 그대에게 찾아오지 않으면 스스로 좋은 기회를 만들어라.   - 스마일즈

운명이란 어떤 원인에서 오는 결과이다.   - 불경

인간은 탄생하는 순간부터 지배할 것인가 지배될 것인가가 운명 지어진다.   - 아리스토텔레스

나는 용의주도한 것보다 오히려 과단하게 나가는 편이 좋다고 생각한다. 왜냐하면 운명의 신은 여신이니까 그녀를 정복하려면 때려 주기도 하고 걷어차 버리는 것이 필요하다. 운명은 냉정한 자세를 취하는 사람보다 이런 사람들에게 순종하게 되는 것 같다. 요컨대 운명은 여성과 비슷해서 젊은이들의 친구다. 즉 젊은이는 사려가 깊지 않고 또한 거칠며 극히 대담하게 여자를 지배하기 때문이다.   - 마키아벨리

운명에 만족하면, 현명하게 살 것이다.   - 호라티우스

운명이 확정되어 있다면, 운명을 경계한들 무슨 이익이 있겠는가? 혹은 모든 일이 불확실하다면, 두려워 할 필요가 어디 있겠는가?
- 솔론

인생, 친구이건, 그렇지안건 내가 주는 것보다 훨씬 많은 것을 받는다는 것이 언제나 내 운명이었다. - 헤세

운명을 피하면서 운명을 동경한다. - 릴케

그들과 결합하시오. 무엇이든 자유롭게 생각하시오. 매일 인간성의 목욕(沐浴)을 하시오. 타인들의 생활을 살며, 그 운명을 받고 또한 사랑해야 할 것입니다. - 로망 롤랑

당신이 남의 은혜는 잊어버리고, 남에 대한 원한의 감정만을 가지고 있다면 그것은 당신의 운명을 비참하게 하는 결과를 가져올 뿐이다. 과거의 괴로운 일들을 하나의 시련으로 생각하는 것이 좋다. 사람은 시련을 견뎌내고 이기지 못하면 비참한 운명을 맞이하게 된다. - 구울드

운명에는 우연이 있을 수 없다. 인간은 모든 운명에 봉착하기 이전에 이미 스스로 운명을 만들고 있다. - 윌슨

우리가 운명에 의해서 강하게 두들겨 맞거나 약하게 맞거나 그것은 우리의 손질 문제이다.
- 반 고흐

우리의 운명은 인내에 의해서 반드시 이겨낼 수 있는 것이다.
- 베를리우스

그대 운명이여! 그대가 부르는 곳으로 나는 따르리라.
- 크리안데스

그 누가 내일의 운명을 올바르게 알 수 있겠는가? - 칼리마쿠스

운명은 뜻이 있는 사람을 안내하고, 뜻이 없는 사람을 질질 끌고 다닌다.
- 클레안테스

운명을 달게 받는 자—그가 현명한 자요, 하늘을 아는 자다.
- 오이필리데스

사람은 저마다 자기의 운명을 가지고 태어났느니라. 이 운명을 거역할 사람은 아무도 없다.
- 대망경세어록

운명을 강제당하거나 조소받고 있을지라도, 이미 정해진 선에 따르고 있는 것이다. 아무튼 운명은 우리들의 내부에 있으며 외부에 있는 것은 아니다.
- 헤세

인간은 의연하게 현실의 운명을 받아들여야 한다. 거기에 모든 진리가 숨겨져 있다.   - 반 고흐

사람에게 있어서 모든 문제는 가느다란 실에 걸려 있다. 따라서 한때 강했던 것도 돌연 불운이 닥쳐서 파멸로 이끌어 진다.
    - 오비디우스

인생은 운이 좋은 사람에게는 짧지만, 불운한 사람에게는 길다.   - 아폴로니우스

습관은 성격을 형성하며, 성격은 운명이다.   - J. 케인즈

시간과 운명은, 모든 비밀을 폭로한다.   - 헨리

당신의 운(運)은 가장 나쁘다고 생각하는가? 그렇다면 다행이다. 왜냐하면, 더 이상 나쁜 운을 만날 걱정은 없지 않은가!   - 오뷔트

인간의 인생을 지배하는 것은 운명이지 지혜가 아니다.   - 시세로

인간은 불행에 빠지면 괴로워한다. 그러면서도 모든 일이 순탄하면 권태를 느낀다.   - 마키아벨리

운명은 우리에게서 부귀는 빼앗을 수 있어도 용기는 빼앗지 못한다.   - 세네카

무서운 어둠이 쌓이고 비바람이 몰아치고 굶주림과 비웃음 그리고 모든 불행이 내 앞을 가로 막을 때에는, 나는 다만 초목이나 동물들이 그렇듯이 그 운명 앞에 얌전히 순응하련다.   - 휘트먼

평탄한 길에서도 넘어 지는 경우가 있다. 인간의 운명도 이와 마찬가지이다. 신 외에는 어느 누구도 진실을 알지 못한다.   - 체홉

행운은 물레방아와 같아서 어제 정상(頂上)에 있던 사람들이 오늘은 밑에 서 있다.   - 세르반테스

인생을 지배하는 것은 예지(叡智)가 아니라 운(運)이다.   - 키케로

운(運)은 깊이 생각하는 사람의 편이 되어 싸워 준다.   - 크리티아스

운명을 탓하는 사람은 약하고, 약한 사람들이다.   - 에머슨

사람에게는 각각 운수와 수명의 배합이 있습니다. 수명은 태어나서 얻은 것이고 운수란 흥망성쇠입니다. 따라서 어떤 사람도 자신의 인생에 천명의 춘하추동이 찾아드는 것을 막을 수는 없는 것입니다.
- 대망경세어록

인간은 자신의 운명을 그대로 받아들일 것이 아니라, 불우한 환경 속에서도 정신적인 활동으로 전력을 기울여 인격자로서의 확립의 길을 개척해야만 한다.
- 슈바이쳐

모든 것들은 썩기 마련이다. 그러므로 운명이 부르면 제왕도 복종해야 한다.
- J. 드라이든

어떠한 역경과 혼란 속에서도 이성으로써 과감하게 일을 처리하는 사람이 위대한 것이다. 운명은 사람을 차별하지 않는다. 자기 스스로 운명이 무겁게 짊어지기도 하고 가볍게 하기도 하는 것이다. 운명을 무거운 것이 아니라 나 자신이 약한 것이다. 내가 강하면 운명도 그 만큼 강해진다. 비겁한 사람은 운명이란 갈퀴에 걸리고 만다.
- 세네카

운명은 독수리가 아니다. 그들은 쥐와 같이 기어 다닌다.
- 보우언

인간의 일생을 지배하는 것은 운이지, 지혜가 아니다.   - 키케로

지혜가 아니라 운명이 사람의 일생을 지배한다.　　　- 테오프라스투스

아, 운명의 여신, 운명의 여신아, 모든 사람이 너를 변덕쟁이라고 부른다.　　　- 셰익스피어

불운은 날아왔다가 걸어서 떠난다.　　　- H. G. 본

일생에는 기회와 변화가 많다. 그리고 가장 성공했을 때 큰 불행이 닥쳐온다.　　　- 아리스토텔레스

불운은 올빼미와 같이 빛을 피한다. 근심의 아들은 언제나 밤의 아들이다.　　　- C. 처어칠

가차없는 운명도 최고의 것 궁극의 것 아니라는 것과 약하고 불안에 찬 짓눌린 인간의 영혼이 운명을 극복하고 운명을 제압할 수 있다.　　　- 헤세

운명은 건강과 마찬가지로 제어하지 않으면 안 된다. 순풍을 타고 있을 때는 즐길 것, 미친 듯 광폭하게 날뛸 때는 지그시 견딜 것, 아주 불가피한 경우가 아니라면 결코 거추장스럽게 약 따위를 먹지 말 것.　　　- 라 로슈프코

🗝 운명의 힘도 살 줄 아는 자(者)에게는 어떻게 할 수 없는 것이다.
- 법구경

🗝 운명에 좌절된 방랑자, 또는 남의 집에 신세를 지고 있는 어릿광대 중에는, 그러한 굴욕 때문에 자존심이 사라져 버리기는 커녕, 오히려 그런 굴욕적인 지위 덕분에 영구히 무개성적인 인격이 강요되는 까닭에 점점 그 자부심이 불러 일으켜지는 자가 있는 것이다.
- 도스토예프스키

🗝 우리들의 운명과 우리들의 의지는 대부분 항상 뜻밖의 푸대접을 받는다.
- 모로아

🗝 인간의 운명과 사명을 결정하는 것은 반드시 희망이 아니고 다른 미리 정해진 것이 있는 건 아닐까.
- 헤세

🗝 운명은 사람을 즐겁게 하고 눈 먼 장님이 되게 하는 우화가 아니라 까다로운 예지와 내일이 없는 정열이 요약된 지상의 얼굴, 몸짓, 드라마라고 할 수 있다.
- 까뮈

🗝 하늘은 때를 안다. 총에 맞고 안 맞고는 운명에 달려 있다.
- 스코트 경

🗝 인간의 최선이 인간의 운명을 연기할 수 없다. 착한 사람은 일찍 죽고 박한 사람은 늦게 죽는다.   - 데포우

🗝 자신의 운명을 최후까지 보려는 자는 높이 서지 않으면 안 된다. 이상(理想)이 얕은 자는 얕은 곳에서 헤매게 된다.   - 외국 격언

🗝 우리가 겪는 불운의 대부분은, 우리 친구들이 평하는 것보다는 더 견딜만 하다.   - 콜른

🗝 개성의 힘과 운명. 나무는 바람과 비가 너무 세면 부러지고 너무 약하면 못 견딜 정도로 적막할 것이다.   - 법구경

🗝 운명은 말이 없는 벙어리이다.   - 훔볼트

🗝 하늘은 모든 인간으로부터 운명의 장부를 감춘다.   - 포우프

🗝 운명이 내일 무엇을 결정할 것인가를 묻지 말라. 순간이야말로 우리들의 것이다. 자, 순간을 즐기지 않으려나.   - 뤼케르트

🗝 하늘은 필요할 때마다 은혜를 베푼다. 신속히 이것을 포착하는 사람은 운명을 개척한다.   - 괴테

인생에 있어서의 운명은 고기를 낚는 어부와도 같다. 악착스럽게 살려는 인간들 틈에 미끼가 달린 낚시 바늘을 던져본다. 그러면 사람들은 잘 살피지도 않고 탐욕스런 그 입으로 덥석 미끼를 먹어 버린다. 그 순간 운명은 낚싯대를 휙 걷어 올리는 것이다. 그 낚시에 걸린 인간은 땅에 뒹굴고 발버둥 친다. — 고리키

기회는 모든 노력의 가장 훌륭한 선장(船長)이다. — 소포클레스

극복된 곤란은 승리의 기회다. — 처어칠

인간은 살아가는데 있어서 많은 기회가 있다. 그것은 볼 줄 아는 눈과 붙잡을 수 있는 의지를 가진 사람이 나타나기까지 기회는 잠자코 있다. 우리는 우리가 생각하는 것보다 더 우리 자신의 힘 속에 자기 운명의 열쇠를 지니고 있다. — 구울드

인류가 스스로의 의도에 의해서 만드는 것 이외에 인류의 운명은 없다. 그러므로 인류가 몰락의 길을 마지막까지 걸어야 한다고는 믿지 않는다.…… 나는 진리와 정신력을 믿기 때문에 인류의 미래를 믿는다. — 슈바이처

사소한 기회는, 흔히 위대한 일의 시작이다. — 데모스테네스

🔑 인간은 기회를 찾아내기는 무척 드문 일이므로 만들어 내야 한다.
- 베이컨

🔑 좋은 기회를 만나지 못한 사람은 하나도 없다. 다만 그것을 잡지 못했을 뿐이다.
- 카네기

🔑 인간은 자기의 운명을 창조하는 것이지 받아들이는 것이 아니다.
- 비르만

🔑 최후에 웃는 사람이 가장 신나게 웃는다.
- J. 밴브루 경

🔑 모든 일은 사람이 기다릴 때만 온다.
- 디즈레일리

🔑 불운 속에서 용감해지는 것은 성인으로서의 가치가 있는 것이며, 불운 속에서 현명해지는 것은 운명을 정복하는 것이다.
- A. 레플러

🔑 현명하기 보다는 오히려 행운이 낫다.
- 베넘

🔑 행운의 신은 여자의 성질을 닮아서 너무 조르면 더 멀어져 버린다.
- 베이컨

🗝 운명의 여신이 호의를 베풀 때 우물쭈물하는 것은 바보들 뿐이다.
- 드라이든

🗝 누구나 예리한 눈으로 중요한 기회를 노려야 한다는 것은 분명한 진리이다.
- 플라우투스

🗝 좋은 기회는 좀처럼 생기지 않으며 쉽게 잃는다.
- 푸블릴리우스 시루스

🗝 사람의 인생에 있어서 어쩔 수 없는 운명에 부딪힐 때, 처음에는 그것을 돌파하여 새로운 생활을 타개하려는 반역적 기분을 가진다. 하지만 돌파하고 타개할만한 능력을 가지지 못할 때는, 차라리 현상(現狀)에 안주(安住)하기 위한 단념을 생각하고, 또 단념하기 위해서는 도리어 그 이유를 여러 가지로 생각한다. 여기에 인간이 자기를 속이는 비겁이 있고 교활이 있는 것이다.
- 법구경

🗝 불행을 슬퍼한 적이 없고, 운명을 통탄한 적이 없는 사람은 스스로 위대함을 보여준 것이다.
- 세네카

🗝 행운일 때는 겸손하고, 불운일 때는 신중하라
- 페리안드로스

part 13

약속(約束)과 신뢰(信賴)에 대하여

Analects of the World

남자들의 맹세는 여인들을 꼬이는 미끼가 되었다가 여인을 배반한다.
- 셰익스피어

나는 그대의 맹세를 물 위에 쓴다.
- 소포클레스

꼭 필요한 때를 제외하고 도대체 맹세한다는 것은 지각 있는 사람에게는 어울리지 않는다.
- 쿠인릴리아누스

자신(自信)은, 정복할 수 있다고 믿는 것을 정복한다.
- 드라이든

사람은 자기가 원하는 것을 기꺼이 믿는다.
- 시이저

우리는 성인(聖人)이 아니지만, 약속을 지켰다. 얼마나 많은 사람들이 그렇게 많이 자랑할 수 있는가? — S. 베케트

약속을 지키는 최선의 방법은 약속을 하지 않는 것이다. — 나폴레옹

신뢰는 거울의 유리와 같은 것이다. 금이 가면 본래대로 하나가 되지 않는다. — 아미엘

모든 사람들을 다 신용하지 말라. 단 가치 있는 사람을 신용하라. 전자(前者)는 어리석은 일이요, 후자(後者)는 신중하다는 증거이다. — 데모크리투스

신용을 잃은 사람은 더 이상 잃어버릴 것이 없다. — 푸블릴리우스 시루스

인간은 자기가 사랑하는 것을 아름답게 보는 것처럼, 자기가 믿는 것을 신성하게 여긴다. — 르낭

약속을 잘하는 사람은 잊어버리기도 잘한다. — T. 풀러

실행되어야 함을 마음속으로 분명히 알고 맹세한 서약은 준수되어야 한다. — 셰익스피어

신뢰받는 것이 사랑받는 것보다 더 큰 찬사이다.   - 맥도널드

자신에 대한 신뢰가 타인을 신뢰하는 중요한 요소가 된다.
- 라 로슈프코

약속을 깨뜨리기 위해서 약속하는 인간이 있다.   - 해즐리트

안된다. 절대로 강요당하고는 말하지 말라. 그리고 지킬 수 없는 것은 말하지 말라.   - J. R. 로우얼

사람은 자기가 한 약속을 지킬 만한 훌륭한 기억력을 가져야 한다.   - 니이체

그 누구도 믿지 않는 사람은, 자기 자신이 믿어지지 않고 있다는 것을 알고 있다.   - 포이엘 바하

모든 사람의 신용은 그가 가슴 속에 간직한 현금(現金)에 비례한다.   - 유베날리스

약속을 빨리 하지 않는 사람은 그 실행에서 가장 충실하다.
- 루소

🗝 의심의 여지가 없는 신용, 그리고 건전한 경제적 기반으로 통하는 유일하고 확실한 길은, 공적(公的)이건 사적(私的)이건 간에 관계없이 그 문구(文句)와 정신에 따라 모두 금전적인 의무를 제 시간에 정확하게 이행하는 것이다. — R. B. 헤이즈

🗝 약속과 파이 껍질은 쉽사리 깨뜨려진다. — 스위프트

🗝 생활에 대한 맹세는, 자기 자신을 노예로 만드는 것이다. — 볼테르

🗝 인간은 행동을 약속할 수는 있어도 감정을 약속할 수는 없다. 자신을 속이지 않고 영원한 사랑을 약속하는 사람은 애정의 그림자를 약속하는 것이다. — 니이체

🗝 내세의 약속은 이유도 알지 못하고 구원받은 사람에게 주는 구실에 지나지 않는다. — 알랭

🗝 가볍게 승낙하는 것은 반드시 신용을 적게 하고, 쉽다는 것이 많으면 반드시 어려움이 많다. — 노자

🗝 신념이 고통인 경우에는 쉽사리 믿으려 하지 않는다. — 오비디우스

🔑 다른 모든 것이 의존되는 상호간의 신용(信用)은, 자유로운 대화에 의한 솔직한 마음과 용감한 신뢰(信賴)로서만 유지 될 수 있다. - L. 핸드

🔑 서로 믿고 서로 도움으로써 위대한 행위는 이루어지고, 위대한 발견이 이루어진다.   - 호메로스

🔑 나는 보았다. 그러나 나는 믿지 않는다.   - 피테

🔑 세계의 모든 것을 믿지 않는다면 사람은 절대로 속지 않는다.
                                               - 슈니츨러

🔑 자기 자신을 믿는 사람이 가장 많이 속는다.   - 엘리자베드 여왕

🔑 사람을 신뢰할 만한 사람으로 만드는 유일한 길은 그를 신용하는 것이다. 그를 신뢰하지 못할 사람으로 만드는 가장 확실한 길은 그를 불신(不信)하여 그대의 불신을 그에게 보여주는 것이다.   - H. L. 스팀스

🔑 우리의 언어 중에서 의무는 가장 신성한 낱말이다. 모든 일에 너의 의무를 다하라. 그 이상 더 할 수도 없거니와 그 보다 덜 하기를 기대해서도 안 된다.   - R. E. 리

part 14

비난(非難)과 충고(忠告)에 대하여

Analects of the World

아무도 타인을 책망하거나 비난할 수 없는 것은 당연하다. 진실로 타인을 안다는 것은 있을 수 없기 때문이다.   - 브라운 경

충실한 친구의 충고를 따르고, 너의 날조를 그 친구의 비판에 굴복시켜라.   - T. 플러

비방을 듣더라도 곧 성내지 말며, 칭찬을 받더라도 곧 기뻐하지 말라. 다른 사람의 나쁨을 듣거든 이에 부화(附和)하지 말고, 다른 사람의 착함을 듣거든 나아가 이에 함께하고 함께 기뻐하라.
      - 소옹

🗝 비난은 사람이 유명하게 되었을 때, 대중하게 바치는 세금이다.
- 스위프트

🗝 요구 받기 전에 먼저 충고하지 말라. - 에라스무스

🗝 모략 중상만큼 빠른 것이 없고, 쉽게 발설되는 것도 없고 빨리 받아들여지는 것도 없고, 널리 퍼지는 것도 없다. - 키케로

🗝 위험에 빠진 다음에 충고를 청하는 것은 너무 늦다.
- 푸블릴리우스 시루스

🗝 어려운 일은 어떤 것인가? 자기 자신을 아는 것이다. 그러면 쉬운 일은 어떤 것인가? 남에게 충고하는 것이다. - 탈레스

🗝 자기 자신보다 더 현명한 충고를 줄 수 있는 사람은 없다.
- 키케로

🗝 충고는 좀처럼 환영받지 못한다. - 체스터필드

🗝 충고를 청하는 것도, 열이면 아홉은 아첨해 달라고 권하는 것이다. - 콜린즈

🗝 바보도 때로는 충고를 한다. - A. 겔리우스

좋은 충고는 값을 초월한다. — W. G. 베넘

느릿 느릿한 충고가 가장 좋은 충고이다. 재빠른 충고는 그 뒤에 후회가 따라 다니기 때문이다. — 루키아누스

많은 사람이 충고를 받지만, 오직 현명한 사람만이 충고의 덕을 본다. — 푸블릴리우스 시루스

거만한 사람을 책망하지 말라. 그가 너를 미워할까 두려우니라. 지혜있는 사람을 책망하지 말라. 그가 너를 사랑하리라. — 구약성서

충고만큼 기분좋게 남에게 주는 것은 없다. — 라 로슈프코

곤란에 즈음해서는 남의 충고를 믿지 말라. — 이솝

가장 위대한 충고는, 겁을 주지 말라는 것이다. — E. 데이비스

중상모략 보다 더 괴롭히는 것은 없다. — 메난드로스

충고를 받으려 하지 않는 사람은, 도움을 받을 수 없다. — T. 플러

현자(賢者)에게는 밤에 조언(助言)이 찾아온다.   - 법구경

시작하기 전에 충고를 받으라. 그리고 결정했으면 즉각 행동하라.
    - 살루스티우스

충고를 좋아하면 그것은 자기가 충고를 좋아한다는 확실한 징조이다.   - 헬리팩스 경

어떤 충고든지 간단히 하라.   - 호라티우스

자연에 적응하여 일어나는 일에 대해서는 신들이나 사람들을 비난해서는 안 된다. 신들은 자발적으로나 또는 마지못해서도 악을 행하지 않으며, 사람은 본의가 아닌 경우에만 악을 행하기 때문이다. 따라서 우리는 아무도 비난해서는 안 된다.
    - 아우렐리우스

어떤 사람이 헌신적이면, 우리는 위선이라고 비난하고, 그렇지 않으면 겸손하지 못한다고 비난하며, 만약 그 사람이 겸손하면 그의 겸양을 약점으로 여기고, 그가 관대하면 우리는 그의 용기를 오만이라고 부른다.   - L. 부르달루

조롱은 좁은 마음의 노기에 불과하다.   - A. 테니슨

결코 후회하지 말며, 타인(他人)을 비난하지 말라. 이것이 지혜의 첫걸음이다.
- D. 디드로

누구라도 만약, 나의 생각이나 행위의 부당함을 지적하고 이를 나에게 납득시킬 수 있다면 나는 기꺼이 시정할 것이다. 왜냐하면 내가 탐구하는 것은 진리이며, 진리는 오직 아무도 해치는 일이 없기 때문이다. 그러나 자기 오류와 무지(無知) 속에 처해 있는 사람은 해를 입는다.
- 아우렐리우스

여자의 첫 번째 충고는 받되, 두 번째 충고는 받지 말라.
- 길베르투스

우리들은 흔히 충고를 요구하지만 그것은 동의를 얻는 것을 의미한다.
- 콜튼

여자의 충고는 별로 가치가 없다. 그러나 그것을 받지 않는 사람은 바보다.
- 세르반테스

여자의 충고는, 너무 비싸든가 너무 싸든가이다. - 알베르타노

충고자는 아무리 신랄하여도 결코 해를 끼치지 않는다.
- 푸블릴리우스 시루스

누가 좋은 충고를 할 수 없는가? 그것은 값싸고 돈 안 드는 일인데.
— R. 버튼

유순하면 벗을 얻지만 직언(直言)하면 미움을 산다.
— 테렌티우스

모략 중상은 말하는 사람, 말을 듣는 사람, 중상당한 사람, 이 세 사람을 죽인다.
— 바빌로니아 율법서

비판을 받지 아니하려거든 비판하지 말라. 너희가 비판하는 그 비판으로 너희가 비판을 받을 것이요, 너희가 헤아리는 그 헤아림으로 너희가 헤아림을 받을 것이니라. 어찌하여 형제의 눈 속에 있는 티는 보고 네 눈 속에 들보는 깨닫지 못하느냐.
— 신약성서

사람이 명예로운 목적을 향해서 전진하고 있을 때는, 조소와 그 자체를 멸시해야 한다.
— 세네카

물처럼 스며드는 중상과 피부에 느껴지는 모략이 통하지 않는다면 가히 총명한 사람이라 할 수 있다.
— 공자

비방은 자신에게 돌을 던지는 격이다.
— T. 플러

군자(君子)는 신뢰를 받고 난 다음에 사람을 부린다. 신뢰를 받기 전에 부리면 심하게 군다고 하기 때문이다. 또 군자는 신임을 얻고 난 다음에 간(諫)하면 헐뜯는다고 생각하기 때문이다.   - 자하

남의 욕설을 하기를 사람들은 매우 즐긴다. 자기 끼리 끼리의 교제를 기분 좋게 하기 위하여 남의 욕설을 하지 않고 지내자고 하여도 그것은 매우 어려운 일이다.   - 톨스토이

숨어서 내 욕을 하는 자는 나를 두려워하는 사람이다. 눈앞에서 나를 칭찬하는 자는, 나를 경멸하는 사람이다.   - 중국 속담

남을 욕함으로써 그대의 입을 더럽히지 말라, 남을 해치려 한 말은 반드시 다시 그대 앞으로 돌아오는 것이다. 그리고 그 돌아오는 해침이 크면 클수록 그대는 그대대로 더욱더 심한 욕설을 생각해 내게 된다. 만약 자기의 말이 아무리 옳다 하여도 남을 해침에서 벗어나지 못한다면, 입에다 자물쇠를 잠그라. 그러기 위하여 몸을 해치는 것쯤은 두려워하지 말라. 왜냐하면 욕설은 사람을 해친다고 하는데, 그것은 욕 듣는 사람을 해치는게 아니라, 욕한 사람 그 자신을 해치는 것이기 때문이다.   - 탈무드

두 사람이 싸우고 있을 때에는, 언제나 두 사람 다 나쁜 것이다
- 톨스토이

부주의한 칭찬은, 부주의한 비난과 마찬가지로 적지 않은 해로움을 빚어낸다. 그리고 가장 큰 해로움은 비난 속에서 이루어지는 법이다.
- 러스킨

항상 자기 자신을 조심하라. 그리고 남을 욕하기 전에, 자기 자신이 수양을 쌓을 것을 생각하라.
- 톨스토이

part 15

신문(新聞)에 대하여

Analects of the World

말 못하게 했다고 해서 그를 개심(改心) 시키지는 못했다.
― J. 몰리

모든 것을 말할 수 있는 국민은 모든 것을 할 수 있게 된다.
― 나폴레옹

신문, 잡지 기자들은 사실이 아닌 것도 사실이라고 말해 놓고 오래 있으면 사실이 될 것이라는 희망 속에서 그들이 사실이 아님을 알고 있는 기사(記事)를 쓴다. ― 베네트

훌륭한 신문 한 장에 포함된 것만큼 그렇게 여러 가지 다양하고 많은 지식은 어디서든 찾을 수 없다. ― 비처

사람들이 신문에서 읽는 유일한 두 가지 것은 첫 문장과 마지막 문장이라는 것을 잊지 말라. 그들이 첫 문장에서 눈에 핏기를 세우게 하라. － 스위우프

자기가 생각을 발표하는 것은 평화시에나, 전쟁시에나, 협상시에나, 전투시에나 모든 자유인의 권리다. － 호메로스

하루살이 종이, 즉 신문은, 창녀가 정숙한 여인의 적이듯이 책의 천적(天敵)이다. － 공쿠르 형제

신문은 폭로에 의해서 살아간다. － 익명

신문은 늘 우리의 호기심을 자극한다. 실망을 느끼지 않고 신문을 내려 놓는 사람은 아무도 없다. － C. 램

신문의 가장 큰 사명은 정확한 것이다. 만일 그것이 정확하다면 공정함도 뒤따른다. － 스워우프

신문기자는 이중의 성격(性格)을 띤 대부분의 사람들보다 더욱 심하다. 그의 인격(人格)은 같은 의미로 쓰면서도 다른 의미를 생각하는 이중적인 본능에 가장 만족을 느낀다. － 애덤즈

신문기자는 늘 내일에 관심을 갖는다. 어제 것으로서 만질 수 있는 것은 없다.
- E.R. 머로우

인간들이 저지르는 악행은 게걸스런 신문의 전면(前面)에 실린다. 그러나 선행도 가끔 냉담하게 내면에 삽입된다.
- B. 애트킨스

알려지지 위해 출판하려는 사람은 보여 지기 위해 시장에 가는 바보와 같다.
- J. 릴리

신문은 우리의 한 가운데에 있는 일종의 야생동물이다. 쉴 새가 없으며, 거대하고 언제나 그의 힘을 사용할 새로운 방법들을 찾고 있다. ……군림하는 신문은 거의 대부분이 그 사주(社主)와 발행인을 제외하고는 누구에게도 책임을 지우지 않는다.
- Z. 채피 2세

신문에 나는 한 가지 광고는 40가지 편집기사보다 더 많은 가치가 있다.
- W. 로저즈